AS MENTIRAS DO DINHEIRO

QUEM VOCÊ ESTÁ SENDO?

DR.ª LISA COONEY

TESTEMUNHOS

É simplesmente, a melhor!

A Dr.ª Cooney é uma excelente terapeuta, com métodos empáticos e prestativos. Ela é um excelente recurso para quem está precisando de ajuda e também um grande apoio para a recuperação duma dependência.

A Dr.ª Lisa era o que eu estava procurando e o que eu precisava numa terapeuta. Ela me desafiou quando precisei de alguém que me desafiasse, me escutou quando precisei que alguém me escutasse, e fala comigo entre sessões para ter certeza de que estou progredindo. Também sinto que ela personalizou a sua abordagem para as nossas sessões com base nas minhas necessidades individuais, o que me dá confiança nas suas competências e me ajuda a confiar nos seus conselhos.

A Dr.ª Lisa (como é mais comumente chamada) é uma terapeuta, curadora/profissional talentosa que realmente tem a capacidade de canalizar exatamente o que é necessário para cada um dos seus clientes, seja fazendo terapia de conversa tradicional ou algo menos usual. É uma excelente ouvinte, empática, intuitiva e simpática. Ela sente o que você está sentindo. Ela se esforça para compreender você.

A Dr.ª Cooney é muito atenciosa e exerce o formato de terapia que correspondeu às minhas expectativas de como a terapia precisa ser estruturada para uma pessoa encontrar valor nela. Ela escutou o que eu desejava, e o que funcionou para mim no passado, e adaptou a sua abordagem nas nossas sessões de forma a atender aos meus pedidos. Ela fala comigo entre as nossas sessões de vez em quando para saber como estou, ultrapassando as minhas expectativas visto que ela deve ter imensos pacientes. Ela também ajustou a sua agenda para me encaixar quando tive um conflito pessoal alguns dias antes da nossa sessão agendada e reagendou a minha marcação rapidamente para que não deixasse de progredir. No geral, eu recomendaria a Dr.ª Cooney pela sua combinação de profissionalismo/personalização e pela sua clara experiência nas questões que eu precisava analisar.

A Dr.ª Lisa é empática, compreensiva e incrivelmente eficaz. Nunca me dei assim tão bem com um terapeuta. Foi honestamente uma surpresa para mim com o quão bem e quão rapidamente ela foi capaz de me entender e de me ajudar. Eu não paro de a recomendar o suficiente, ela realmente foi uma grande ajuda para mudar a minha vida para melhor.

AGRADECIMENTOS

Obrigado a todas as culturas, países e pessoas que me convidaram para dar o workshop As Mentiras do Dinheiro na sua terra natal. Foi um grande privilégio facilitar a mudança no seu idioma, no seu país e na sua relação com o dinheiro, avançando e recuando.

A libertação das nossas jaulas financeiras culturais e étnicas é tão importante quanto criar a sua própria realidade financeira. Não tem cabimento que haja abuso, sob qualquer forma, neste planeta. Isso inclui o abuso que você faz a si por ser outra pessoa com o seu dinheiro, pensando algo diferente sobre você e acreditando numa narrativa que nunca foi sua. Se mude a si, e você mudará o mundo ao seu redor.

Agora, vá receber o que o universo está disposto a dar. Aceite, não importa o que aconteça! Eu desafio você...

Este livro é dedicado a todos que têm problemas com dinheiro.

Para você, que sente que a dívida ou problema financeiro pelo qual você está passando é um grande buraco negro do qual você nunca sairá ou ultrapassará.

Para você que se sente perdido, confuso, imóvel, aterrorizado e impotente perante a mudança da sua realidade financeira, compartilho essas palavras com você como um farol para guiar você. Você pode fazer uma escolha diferente.

Você pode ter a vida que deseja.

Você pode criar o dinheiro, as notas, as moedas, os investimentos e as férias que você deseja.

Coloque Você em Primeiro Lugar

Se Comprometa com Você

Colabore com aqueles que conspiram para Abençoar Você

Se Crie a Você

INTRODUÇÃO

Agora você tem nas suas mãos uma mina de ouro.

No mínimo, uma pilha inteira de notas e de dinheiro – o que você quiser (pois, conforme descobri com milhares de clientes do mundo inteiro, há uma diferença).

Mas este livro não é somente acerca de dinheiro... É acerca das mentiras do dinheiro.

E, francamente, se você não chegar à base delas, elas irão fazer com que você esteja preso ou presa como uma bola amarrada a um poste com uma corda, circulando na mesma órbita repetidamente.

Pode ser surpreendente para si que estas mentiras do dinheiro não tenham nada a ver com dinheiro real, mas tenham tudo a ver com o que você usa para criar o seu "fluxo de dinheiro" – ou a falta dele – na sua conta bancária, carteira, investimentos, talão de cheques e no seu bolso neste preciso momento.

Ou seja, tudo se materializa como a sua realidade financeira.

Isto parece ser uma obrigação enorme ou um pouco avassalador para si?

Se isso acontecer, você ficará feliz em descobrir, como as pessoas que participaram nestes workshops pessoalmente, que tudo o que é preciso para começar a criar uma nova realidade financeira para si é uma mudança de um grau.

E qualquer pessoa o pode fazer, inclusive você.

Conforme você verá, assim que você chegar lá e olhar, a jaula das mentiras e limitações começa a ser abalada e depois a desmoronar.

E aí começa a verdade. Portanto, o que é que isto tem a ver com o dinheiro?

O dinheiro é uma forma de energia, tal como tudo o resto. Nós somos energia. Temos ATP em todas as células do nosso corpo, Adenosina Trifosfato. Essa é a energia espiritual, a energia da nossa alma.

Nós vimos de uma forma. O dinheiro vem de uma forma. Somos todos energia, mas o tornamos separado com estas mentiras.

O dinheiro não é o problema – nós somos.

Não tem nada a ver com nada exterior e tudo a ver com o que está no seu interior, e quais são os seus sistemas de crenças. Tem a ver com o que você pensa acerca dele, o que você projeta nele, o que ele significa para você, como você se define e se você o tem ou não.

Este livro está cheio de lições que obtive de alguns workshops maravilhosos, ou "Provadores", como os chamei, acerca dos workshops de As Mentiras do Dinheiro que realizei em várias partes do país.

Infelizmente, há certas mentiras do dinheiro que flutuam insidiosamente através das pessoas, das suas famílias e das suas culturas, e são passadas de geração em geração. Em mais de 20 anos de prática privada, prática em grupo e prática internacional, vi que o dinheiro é um dos três principais motivos pelas quais as pessoas me procuram (as outras são saúde e relacionamentos).

Comecei a perceber que havia um padrão nos meus clientes que tinham o mesmo "problema em mãos", em que conseguiam gerar dinheiro, mas nunca o conseguiam manter ou ter.

Outros sentiam que não conseguiam gerar dinheiro – e, portanto, não o conseguiam ter.

Se você está lendo este livro, suspeito que encontrará a sua própria experiência nalgum sítio nestas páginas e, como resultado, começará a fazer a sua própria mudança de um grau. E quando o fizer, o meu trabalho está concluído.

Pois as mentiras do dinheiro são acerca de você se confrontar com essas três questões:

- *Quem estou sendo?*
- *O que estou sendo?*
- *Que mentira estou acreditando que tornei em verdade?*

Confie em mim, não é trabalho para fracos.

Mas é para aqueles de vocês que estão prontos para viver a sua ROAR® – o que eu chamo de sua Realidade Orgasmicamente Animada Radicalmente.

É um trabalho para a terrífica ROAR® que habita dentro de você que profere: "Acabou. Não vale mais a pena se esconder atrás destas mentiras."

E, você sabe, realmente não vale. Portanto, venha buscar o seu dinheiro...

Pois ter o dinheiro nas suas mãos mudará o mundo.

1

ENCARANDO O ZERO

"Vou dar apenas um gostinho de As Mentiras do Dinheiro esta noite", me lembro de dizer ao meu animado público em Maui quando fui lá para dar um workshop sobre As Mentiras do Dinheiro. Foi um workshop rigoroso de cinco dias em que tentamos desemaranhar nós e nós de trauma, preconceitos, auto-julgamento e muito mais para todas as pessoas que vieram ter essa experiência. É sempre um privilégio e uma enorme responsabilidade quando as pessoas depositam a confiança em você e esperam que as suas feridas mais íntimas se curem com a sua ajuda. E poder compartilhar a história deste workshop é outra bênção que me permite me conectar convosco, o meu público leitor. Portanto, vamos lá...

É bastante interessante quando falamos de dinheiro pois ele traz essa energia de estagnação. Há três mentiras principais do dinheiro e, se você olhar para elas, você descobrirá que são as suposições dentro de você que criam uma realidade financeira que na verdade não é sua.

Mas você acredita que é sua.

Agora, isso pode atormentar os seus pensamentos por um momento, e você pode estar sentindo que se perdeu.

Espero que a sua mente se expanda, lendo isto, pois o que todos nós fizemos com nós mesmos em relação a esta questão do dinheiro é uma eliminação radical do nosso brilhantismo fenomenal criativo.

Portanto, o que é que o dinheiro lhe dá nesta realidade? Liberdade? Permite que você faça boas escolhas? Luxos? O que mais lhe dá? Alegria?

Provavelmente, você deve estar pensando que lhe dá segurança, entretenimento, luxos e assim por diante. E foi isso que os meus participantes disseram em Maui.

Na verdade, o dinheiro faz mover esta realidade, mas imensas pessoas mantiveram o dinheiro longe de si devido a muitas mentiras diferentes. E vou abordar três dessas mentiras que funcionam como um buraco no bolso.

Agora, imagine dinheiro. Pessoalmente, guardo o meu dinheiro em segurança na minha carteira, muitas vezes acompanhado de notas de cem, todas unidas por um clipe de ouro de 14 quilates. É pesado – nem o vento o consegue levar.

Quando olho para este dinheiro seguro, fico feliz. Quando o seguro na mão, me sinto poderosa. Eu me sinto criativa. É revigorante quando faço algumas das minhas compras e uso parte do dinheiro.

Quando guardo este dinheiro na carteira, sei que tudo é possível. Quando me olho no espelho, sei que tudo é possível. Quando olho para o oceano, sei que tudo é possível.

No entanto, a maior parte de nós olha para o dinheiro e escolhe acreditar que tudo é impossível a menos que o tenhamos.

Então, esta é a primeira mentira do dinheiro: imensos de nós acreditamos que este pedaço de papel tem poder sobre nós, que é mais forte do que nós, que vale mais do que nós. Que tem autoridade sobre nós. Que ele é dono de nós.

Veja como você está olhando para ele agora. Olhe para o que está surgindo no seu corpo agora mesmo enquanto você olha para ele. Escute a sua mente e o que ela está falando quando o vê:

. . .

- *O que você está pensando?*
- *O que você está julgando?*
- *O que você decidiu?*
- *O que você concluiu?*
- *O que você calculou? E...*
- *Como talvez você tenha configurado que o dinheiro é um Deus desta realidade perante o qual você se deve curvar e jurar lealdade para o ter?*

Isso é mentira.

Não há nada que você necessite fazer ou ser para o ter. Você só precisa escolher ser ou fazer o que é certo para você. Portanto, essa é a primeira mentira do dinheiro.

A segunda mentira é mais ou menos assim: digamos que você levou o seu dinheiro para a terapia de casal. Você põe o dinheiro na cadeira – e você tem a sua cadeira – e o ou a terapeuta direciona você e o seu dinheiro para ter uma conversa acerca da vossa relação um com o outro, usando mensagens de "Eu".

Se falasse com você, o que lhe diria? Quão bem seria tratado por você? É o amado que dorme no sofá e, portanto, não é amado?

É aquele que sai de cima de você e prefere ir ao bar sair com os seus amigos, em vez de estar consigo? Ou você é aquele ou aquela que sai e vai ao bar para estar com os seus amigos e não quer estar com ele? Você consegue até mesmo cogitar que o dinheiro seria o seu amado?

Essa é a segunda mentira de que vamos falar, de que o dinheiro é o seu perpetrador, o seu carcereiro, e você é o seu escravo ou escrava. E que, a menos que você o tenha, você não pode escolher além do que está escolhendo agora. Que ele nunca lhe dará o que você precisa.

Nessa mentira, você vai estar sempre o criticando. Você será sempre cético ou cética em relação a ele. Você nunca vai confiar nele. Você vai o querer enganar. Você terá comportamentos obsessivos com ele. Você nunca o vai poupar. Você nunca o vai ter. Você vai sempre o gastar. Você nunca escolherá se rodear dele.

Você está percebendo que há um tema em tudo isto? Esse tema está dentro de cada um ou uma de nós, dentro de cada um ou uma de vocês.

Então, a primeira mentira é que o dinheiro é um Deus e você vale menos do que ele. A segunda mentira é que o dinheiro é o seu perpetrador, o seu eterno carcereiro, e que você não o pode possuir.

E a terceira mentira é qual? Você consegue adivinhar?

Quando fiz essa pergunta no meu workshop, todos os participantes deram as suas respostas únicas, e nenhum deles estava errado. Então, eles responderam algo como: "Você nunca vai ter dinheiro suficiente."

"O dinheiro é mau."

"Você tem de trabalhar arduamente para o ganhar."

"O dinheiro não compra o amor."

E tudo isso é cem por cento verdade para as pessoas que o sentem e o que é verdade nesta realidade. Essas mentiras formam sistemas de crenças inteiros. São preconceitos. São algo que nós decidimos, julgamos, concluímos, computamos e configuramos como sendo a nossa realidade, incluindo as nossas contas bancárias, os nossos relacionamentos, os nossos corpos, os nossos empregos, as nossas tarefas, as nossas roupas e tudo mais.

Eles determinam quando podemos ir para o Havaí, quando não podemos, o que comemos quando podemos ir comer comida natural e orgânica, ou o que quer que seja.

Mas todos eles são sistemas de crenças.

A terceira mentira é que *o dinheiro é um problema*.

O dinheiro não é o problema – nós somos. O que pensamos dele, o que projetamos nele, o que significa para nós, como nos define, se o temos ou não.

Essas não são todas as mentiras do dinheiro, mas são as três mentiras do dinheiro que me surgiram bastante claramente a mim ao longo da minha jornada pessoal. E elas são o cerne deste livro.

2

BATENDO NO FUNDO DO POÇO

Agora, quer você já me tenha visto falar ou nunca me tenha visto falar, você provavelmente sabe que eu geralmente começo com uma estrutura ou um esboço do que eu vou falar, e depois cerca de dez minutos antes da aula, eu os jogo no lixo pois eu sinto a energia do quê e de quem que está entrando e surgindo.

Eu escuto o que os corpos, os seres – a energia de todos os participantes juntos – podem escutar e podem querer escutar. Isso é mais importante do que qualquer esboço, pelo menos para mim, que eu poderia alguma vez elaborar. E aí eu sempre, mesmo jogando fora, o acabo por seguir por uma questão de estrutura e coerência.

Portanto, como faço isso? Parte disso vem da minha licença e títulos como o meu Doutoramento em Psicologia e de terapeuta e como profissional em terapia de trauma e somática. Viajo internacionalmente, tenho um programa de rádio e faço workshops – trabalho corporal, trabalho de energia – pelo mundo inteiro.

Mas há algo que me distingue por poder entrar numa aula, jogar fora o meu esboço, e conseguir conversar e falar com o que surgiu aqui na sala – baseada na energia. Para responder ao como, permitam que compartilhe com vocês algumas das situações que me marcaram profundamente.

Há cerca de 15 anos, fui diagnosticada com uma doença potencialmente fatal. Foi quando percebi que tinha um grande problema com dinheiro. Se você ficar doente, descobrirá que a sua saúde nos EUA não cobre as suas escolhas naturopáticas. Você pode facilmente descontar para a sua aposentadoria, a sua casa, os seus investimentos, o seu portfólio e assim por diante. E foi exatamente isso que escolhi fazer conscientemente, e ainda estou aqui.

Quando fui diagnosticada pela primeira vez, o meu médico disse que o melhor que eu poderia fazer era viver desde que tomasse medicamentos para o resto da minha vida, e que teria de remover um órgão ou dois, talvez três ou quatro quando me operassem. Quem sabe? Portanto, tinha três opções: matar o problema, viver da medicação ou remover o problema.

Na época, eu tinha apenas uns 30 anos e disse ao endocrinologista: "Bem, tem de haver outra opção".

Jamais me vou esquecer dele pois ele foi um dos principais motivos para eu me voltar para meios energéticos para curar, mudar e fazer diferentes escolhas na minha vida – diferentes possibilidades – na minha vida física, emocional, espiritual, financeira e energética.

Ele afirmou que eu não tinha outra escolha. Não havia nenhuma outra possibilidade.

Portanto, fui embora e nunca mais o vi de novo, o que me levou pelo caminho do Instituto Theta Healing® (agora em Montana), onde fiquei durante três meses.

Em três semanas, eu me curei da doença. Demorou um pouco mais para curar o corpo inteiro de todos os problemas. Aconteceu assim pois a cura energética e a medicina natural olham para o corpo inteiro holisticamente.

Por outro lado, o endocrinologista usa a medicina alopática para olhar através do sistema endócrino e alguns órgãos e sistemas relacionados do corpo. Não estou falando necessariamente mal dos endocrinologistas ou da medicina alopática. Eu ainda recorro a eles. Esta é simplesmente a minha experiência.

Quando fiz essa escolha e vi o que poderia acontecer com a energia, sabia que havia algo mais nesta vida acontecendo energeticamente. Portanto, eu fiz a escolha de mudar toda a minha prática de ser uma Doutora em Psicologia tradicional que dava sessões semanais para uma dinamização mais em grupo, trabalho de energia, cura energética, e me adentrar nos sistemas de crenças e nas limitações do que pensamos que psiquicamente e psicologicamente cria o mal-estar e a doença no corpo.

Ok, portanto, como é que tudo isto está relacionado com o dinheiro?

Bem, eu precisava ganhar mais dinheiro. Gastei cerca de um milhão de dólares para me curar. Eu estava doente. Eu ia ao consultório do naturopata provavelmente duas ou três vezes por semana, oito horas por dia, fazia testes para isto e aquilo. Injeções, intravenosas, e tudo mais. E, ao mesmo tempo, eu estava viajando para o instituto para fazer o meu mestrado – pois, como era claro, eu precisava de outro diploma.

Mas, o tempo todo, vi esta conta continuar a se acumular e a minha aposentadoria a diminuir. Vi a casa e o terreno onde a queria construir, o plano e tudo o que defini para a minha vida começar a ruir aos 30 anos. Achei que era o fim.

E então o verdadeiro fim veio... Zero.

Você pode saber de experiência própria do que estou falando.

Do meu saldo bancário, claro.

Bati no "zero" e fiquei apavorada. Cresci em Nova York. O meu pai trabalhou arduamente quando estava no ramo imobiliário. Ele pagou a nossa faculdade. Sempre tivemos um emprego. Sempre trabalhamos. Sempre tivemos o nosso próprio dinheiro. Sempre aprendemos. Ele nos ensinou a poupar, o que devíamos fazer, e tudo mais.

Eu não estava familiarizada com o "zero"... jamais.

Trabalho desde os nove anos de idade. Adorava distribuir jornais em pequena. A minha mãe tinha uma perua de madeira e nos conduzia. Enfim, era divertido. E eu amava o Natal. Sabe, as gorjetas de Natal.

Adoro o cheiro do dinheiro. Adoro o sabor do dinheiro. Eu literalmente conseguia sentir o seu sabor e cheiro. Nos meus verões na faculdade, trabalhava num banco; todas as sextas, a gente entrava no cofre. Eu me sentava lá e simplesmente ficava cheirando e respirando o dinheiro.

O meu pai era empresário. Eu sou uma empreendedora. Não trabalho para ninguém desde os 20 e poucos anos.

Ele me disse quando era muito jovem: "Lisa, este mundo não é só para os homens. Este mundo é também para as mulheres. Faça simplesmente o que você ama. Trabalhe sempre para você. Seja a sua própria chefe, saia por esse mundo fora e ganhe alguns milhões."

Ele era um menino pobre de Brooklyn. Ele conseguiu uma bolsa de estudos de futebol para a faculdade, depois foi para o exército e lá obteve a sua educação. Ele era um imigrante irlandês de 2.ª geração. A minha mãe era uma imigrante italiana de 2.ª geração. Trabalhar arduamente fazia parte da cultura. A educação fazia parte da cultura. Todos trabalhavam em Nova York.

Fui para a Califórnia e lá calcei as minhas *Birkenstocks*, mas o dinheiro era um amor meu. Eu tinha um caso amoroso com o dinheiro. Sabe a que cheira? A que sabe? Havia algo nele. E eu realmente atribuo isso ao meu pai. Ele me mostrou o poder de fechar negócios, cumprir a sua palavra e colaborar com outras pessoas.

Ele tinha dezesseis ou dezessete prédios diferentes ao mesmo tempo. O meu trabalho era contar o dinheiro e o colocar em pilhas de dinheiro do outro lado da mesa no seu escritório no andar de baixo, na cave. Eu não queria fazer mais nada. Eu não queria estar em nenhum outro lugar. As pessoas podiam ir brincar. Podiam ir brincar de se vestir. Podiam ir ao shopping, fazer o que diabo quisessem, mas eu queria estar perto do dinheiro. Queria sentir o seu cheiro, gosto. Se eu o pudesse colocar à minha volta, eu teria feito isso.

Mas, quando cheguei aos trinta, a minha conta bancária estava a zero.

Onde eu iria morar se isso continuasse? O que eu iria comer? O que eu iria dizer à minha mãe? Como eu iria contar ao meu pai?

Mas, pior, como eu me poderia me olhar no espelho? Quer dizer, naquele momento, eu tinha o meu mestrado. Eu era a coordenadora terapêutica dum centro de tratamento no Arizona. A minha vida estava bem nesse sentido.

Até que eu adoeci.

E quando você adoece, o seu mundo inteiro rui.

Então, eu tive de realmente olhar para aquele "o" repetidamente – e realmente fazer uma escolha pois eu poderia morrer.

Eu poderia ir para casa, o que me ia matar, mas eu poderia ir para casa.

Eu poderia ir ter com um amigo. Eu poderia vender tudo.

Eu poderia continuar trabalhando. Eu poderia trabalhar ainda mais, mas era difícil trabalhar estando doente.

Portanto, o que é que eu iria fazer?

Foi quando comecei a perguntar: "Ok, como alguém que é assim tão saudável de repente fica tão doente?" Eu não devia ser assim tão saudável. A doença não surge da noite para o dia. Você pode obter um diagnóstico da noite para o dia, mas uma doença é algo que se vai acumulando ao longo de anos e décadas. Foi nesse momento que o universo me deu um sinal. Naquele momento, eu sabia que precisava mudar a minha realidade, incluindo a minha realidade financeira.

Havia mentiras que eu estava vivendo que de alguma forma estavam criando essa doença, se manifestando como uma doença no meu corpo – realmente cheguei a um ponto em que tinha de escolher viver ou morrer. E foi tudo porque a única coisa que eu realmente nunca cheguei a ter me foi tirada.

Se o dinheiro não me tivesse sido tirado e esse "zero" não surgisse, eu quero que você entenda isso: eu não teria escutado. Eu teria continuado a viver como eu estava vivendo pois não tinha nenhum problema, né?

Bem, aparentemente, tinha um grande problema.

Para ser franca, eu sabia como acumular dinheiro. Eu confesso que tenho um carinho genuíno por ele. Eu realmente tenho. Tenho a crença de que, quando possuo e gasto dinheiro, estou influenciando a consciência de algo.

À medida que me envolvo no meu trabalho, o mundo inteiro ganha vida – na Índia, Hong Kong, Taiwan, Havaí, Califórnia, Colorado, Flórida e quaisquer outros lugares onde eu tenha dado aulas. Quando você vive um momento de conscientização, aquele momento Eureka, é dinheiro bem gasto para fazer com que eu chegasse ao ponto onde estou. Contribui para o crescimento da consciência. Nem sei o que vai acontecer, mas vai aumentar minha conta bancária de alguma forma.

Na verdade, me vai fazer crescer a todos os níveis: energético, psíquico, espiritual, psicológico e financeiro. Eu quero tudo. Mas eu não quero tudo só para mim, eu quero tudo para todos nós.

Como eu disse anteriormente, vocês são as pessoas que precisamos nesta Terra e que eu preciso que tenham dinheiro. Eu exijo que você tenha dinheiro. Eu desejo que você tenha dinheiro. Não só para você o gastar, mas também para você o possuir, mudar a consciência neste planeta, pois o meu objetivo é mais amplo do que as pessoas que vejo por algumas horas.

O meu objetivo é eliminar e erradicar todas as formas de abuso deste planeta e garantir que todas as pessoas possam escolher viver uma realidade orgasmicamente animada radicalmente.

Você sabe quanto abuso financeiro há neste planeta? Quantos de vocês foram abusados financeiramente? Mesmo que o meu pai me tenha ensinado isso tudo, também havia uma grande mentira na minha família.

Eu fui uma modelo infantil em Nova York, e fui forçada a participar de atos e eventos indescritíveis naquela idade demasiado jovem. As pessoas eram pagas pelos atos que eu era obrigada a participar, e eu não fui paga.

Mas o preço a pagar surgiu 30 anos depois.

Você não precisa de ter uma história extrema. Alguns de vocês se vão identificar com o que eu disse, e alguns de vocês não farão a mais pequena ideia do que estou falando. Não estou dizendo: "Ei, venha cá e tenha essas experiências".

Mas o negócio do dinheiro, sim, eu gostaria que todos vocês se banhassem com dinheiro. Que enfiassem as mãos nele e se cobrissem de dinheiro. Na verdade, é isso que você deve fazer quando chegar a casa: pegue no máximo de notas de duzentos reais ou notas de cem reais que você conseguir. Coloque um pouco de cola nelas e se cubra de dinheiro.

Ok? Faça isso simplesmente e se divirta. Você pode convidar alguém, quem você desejar. Possivelmente, se você for casado ou casada, seja a sua cara-metade, mas talvez você queira outra pessoa ao seu lado.

Você também vai querer convidar outra coisa– você sabe do que estou falando – da realidade orgasmicamente animada radicalmente. O dinheiro não precisa ser um tema tão pesado. Na minha situação extrema, acredite, não era divertido. No entanto, é assim que parece quando alguém fica a zero como eu. Mas para poder estar aqui e ter algo a compartilhar, preciso voltar ao passado e analisar o que aconteceu.

E sabe que mais? O que me lembro desses dias, é que o meu pai me deu um presente. Ele me ensinou que o dinheiro não tem a ver com o seu gênero. Nem com as suas origens, a sua educação ou treinamento. Não se trata sequer de trabalhar arduamente.

Mas sim escolher o que você quer ser.

O meu pai trabalhava bem, mas também se divertia bem. Estive em mais Super Bowls e mais eventos esportivos do que consigo contar. O meu pai era fã dos Yankees, portanto, todas as todas as quartas, sextas e finais de semana íamos assistir aos jogos deles. Ele era um fã de futebol americano do New York Giants. Aos domingos, íamos assistir aos seus jogos. Hóquei, New

York Rangers, segunda, quarta, sexta. E ele nos arrastava para o Madison Square Garden, para ver os New York Knicks. Era o que fazíamos.

Ele convidava todos os meus amigos. O meu irmão, a minha irmã e eu convidávamos sempre dois ou três amigos com os seus ingressos. Ele saía para comprar um assento de arquibancada barato para que todos os seus filhos e amigos pudessem assistir aos jogos. Não era necessariamente porque ele tinha muito dinheiro; era simplesmente como ele tinha escolhido viver. Embora ele já não esteja conosco, estou eternamente grata por esses momentos. Nos meus 25 anos de prática de terapia a nível internacional, nacional e local, nunca encontrei ninguém que fosse criado de uma forma tão única no que toca ao dinheiro. É uma realidade fora do comum.

Mas quando a doença chegou, e eu cheguei naquele momento que bati no fundo do poço, ela tirou aquele brilhantismo, aquela alegria, aquele sorriso contagiante que eu costumo falar – tudo desapareceu quando eu enfrentei aquele zero financeiro.

Eu poderia ter sucumbido e ser uma vítima, uma pessoa lutando contra a doença, desesperada, largando tudo, sem vontade de ajudar ninguém, nem a mim mesma. Eu poderia ter optado por desistir completamente da vida.

Mas decidi abraçar a vida pois, independentemente das nossas histórias individuais ou experiências passadas, por mais difíceis que tenham sido, ainda temos o poder da escolha. A pergunta que enfrentamos é a seguinte: escolhemos viver numa realidade definida pela mentira ou construída sobre os alicerces da verdade? O nosso foco será na abundância ou na escassez? Qual realidade você quer criar?

Entendo que pode soar demasiado simplista. Confie em mim, eu entendo, especialmente quando você se sente preso ou presa na areia movediça, agarrado ou agarrada a uma mentira. A falsidade parece tão concreta que você a recria repetidamente. Ela se solidifica, sendo cada vez mais desafiante imaginar algo diferente.

Aqui está a verdadeira questão: Você está sorrindo? Você é feliz ao abraçar as mentiras do dinheiro?

Se não, então, procure essa pequena molécula dentro do seu corpo, aquela inocência infantil que o meu pai incutiu em mim – uma inocência em torno da criação, dos negócios, do trabalho, da diversão, da alegria e da escolha de ser a minha própria chefe. Você não precisa necessariamente ser o seu ou a sua própria chefe, mas pode abraçar essa mentalidade mesmo que trabalhe para outra pessoa. Se trata de escolher ver possibilidades em vez de você se focar nas limitações. Tudo é possível.

Esse é um vislumbre da minha história, mas e o seu dinheiro mente? Que escolhas você pode estar rejeitando ao abraçar as mentiras do dinheiro, que você está dizendo a si... As mentiras que você está escolhendo ativamente? E qual é o verdadeiro custo de acreditar persistentemente nessas mentiras do dinheiro? O que você estaria fazendo se estivesse em frente ao seu computador como eu estava naquele dia, olhando para o zero, surtando, planejando o seu plano B, a sua estratégia de saída?

Dada a sua situação financeira atual, que escolhas ou criações você poderia estar fazendo?

E aqui está a minha mentira favorita – e a pergunta – de quem é a realidade financeira que você está vivendo?

Quando eu estava no meu pior momento, eu perguntei a mim mesma: "O que eu amo em estar no zero? O que eu amo em estar num estado de drama e catástrofe? O que eu amo em estar doente? O que eu amo em morrer? Do que estou morrendo para sair? O que me pôs doente?"

Não "Você me pode levar a tomar um cafezinho pois eu não tenho dinheiro e estou realmente assustada, e o meu chefe é do pior, e eu não posso voltar para os meus pais pois eles me odeiam e me vão jogar isso à cara o resto da minha vida... e, e, e, e..."

Nada disso.

Para entender verdadeiramente a sua situação, você deve se perguntar: "O que estou fazendo para criar isso? Que escolhas estou fazendo que perpetuam esses padrões? Por que estou tendo comportamentos que me fazem sentir vontade de desistir? Como me estou permitindo ser enganado ou enganada? Que ações estou tomando que limitam o meu potencial?"

Esse autoquestionamento é o trabalho desafiante que põe ao de cima as mentiras e o autoengano. As narrativas que construímos atuam como lentes tingidas de negação, nos blindando do confronto com a verdade. Muitas vezes preferimos manter uma fachada de superioridade e termos razão do que mergulhar na realidade que há por trás da cortina.

Para mim, pessoalmente, valorizo o confronto com a verdade. Quero me olhar no espelho e reconhecer autenticidade em vez de inventar narrativas. Mesmo quando me pego fabricando histórias, as abraço com honestidade. Por exemplo, se a raiva vem à tona, eu faço uma introspecção, me questionando: "Quando eu tive um comportamento semelhante?" Quando um preconceito surge, reflito: "Quando experienciei esse preconceito?"

Procuro ir além desses construtos limitantes, despoletando comportamentos desencadeantes a meu favor e os transformando em oportunidades de crescimento pessoal e financeiro. Mais tarde, compartilharei algumas técnicas sobre como você o pode conseguir.

Mas, discutir esses aspectos no meu programa de rádio semanal para uma audiência de 205.000 pessoas do mundo inteiro exigiu coragem. Apesar de minhas credenciais na comunidade de saúde, especialmente com práticas como Theta Healing®, que envolve trabalhar com a energia criativa do universo, reconheço que abraçar abordagens não convencionais pode ser assustador.

Apesar de possuir licenças e títulos no âmbito da saúde convencional, abraço uma perspectiva mais ampla. Essas credenciais, embora valiosas, não me limitam a uma perspectiva estruturada. Em vez disso, eles servem como ativos, atraindo o interesse dum público global e abrindo portas para a colaboração e outras oportunidades. A mensagem aqui não é de me vangloriar, mas sim de enfatizar a importância de potenciar quaisquer capacidades e ativos que você possui a seu favor.

Na sua essência, todos possuem algo valioso. Se trata de reconhecer e utilizar essas qualidades únicas para criar uma realidade além das limitações.

Cada um de vocês é uma pessoa impecável e brilhante. Eu escrevi a minha dissertação acerca desta matéria, portanto, sei do que falo. Se chama impressão da alma, que é única tal como a nossa impressão digital é única para cada um de nós. Essa é a sua impressão de alma. Cada um de vocês tem uma impressão de alma única para imprimir nos lábios da realidade.

A minha faz parte do que estou fazendo aqui hoje. A sua é o que você faz ou é – ou o que você se recusa a fazer ou ser – mas você tem uma.

De quem é a Realidade Financeira que você está vivendo?

Portanto, como alguém se torna responsável pela sua realidade a todos os níveis, desde o fundo da sua mente até ao mundo físico tangível em que vive diariamente? Podemos começar pela mente. De fato, no meu workshop, um dos participantes levantou essa questão crucial. Ela disse: *"Bem, eu estava apenas pensando no problema subconsciente por trás do dinheiro, para não dizer que tenho problemas de dinheiro. Você pode sempre obter mais dinheiro, e eu poderia facilmente, portanto, eu estava pensando no que poderia me impedir, mesmo que eu fizesse essas perguntas e outras coisas. Como eu poderia fazer isso?"*

A sua pergunta foi pertinente, e a resposta está em você fazer outra pergunta pertinente: De quem é a realidade financeira que você está vivendo?

Antes de fazer essa pergunta, observe se seu corpo é leve ou pesado. E veja que mudança fazer essa pergunta tem no seu corpo.

Quando fiz essas perguntas no meu workshop, os participantes deram respostas únicas.

"Ok, então de quem é a realidade financeira que você está vivendo?"

"Do meu tio."

"Dos meus pais."

"Do meu pai."

"Do meu talento."

E com as suas respostas, cada um e cada uma sentiu uma mudança na sua energia. Alguns se sentiram mais quentes, outros mais frios, alguns se sentiram leves, outros pesados. Era uma sala cheia de mudanças de energia; esse é o poder que uma simples pergunta pode ter.

Portanto, meu leitor, de quem é a realidade financeira que você está vivendo?

Identifique o que isso lhe traz e tente distinguir entre a verdade e a(s) mentira(s). As mentiras que foram tecidas pelo mundo à nossa volta, pelos nossos sistemas escolares, nossas mães, pais e chefes. Essas mentiras influenciam imenso a formação da nossa realidade financeira.

Então, se a sua realidade financeira é a sua, ótimo. Mas em todos os lugares que a sua realidade financeira tem um limite para isso, isso é tudo o que você pode ter e não mais. Quando você decidiu: "É minha. É minha. É minha. É minha. É minha. É minha. E isso é tudo o que posso ser".

Mas precisamos quebrar essa mentalidade, e você sabe por quê. No meu workshop, os participantes acharam isso limitante. Um deles comentou bastante sabiamente: *"Nós nos limitamos a possuir algo como nosso, e isso o fixa em tudo o que pode ser e nada mais..."*

E é isso mesmo, é como, "Não nos estamos movendo. Ela é minha, e é isso." Bem, qualquer coisa que seja sua e "é isso" tem um pouco de superioridade associado. E algo que tenha a ver com superioridade pode se parecer um pouco com Donald Trump.

Eu sei que isso parece que estou julgando o Donald Trump, mas aqui está a questão: O Donald Trump tinha milhões e perdeu esses milhões. Milhões e perdeu esses milhões. Milhões e perdeu esses milhões. Não, não vou votar no Donald Trump quando digo isso, ok? É aqui que penso, ok, eu não gosto dele, mas o que posso aprender com ele?

E penso nos seus negócios. Eu não o conheço, mas eu penso, "O que posso aprender com alguém que eu não ambiciono ser, emular ser, ou até mesmo gosto de olhar. O que posso aprender com essa pessoa? Há algo em que ele é brilhante no dinheiro e nos negócios."

Não é preciso ter dinheiro e ser assim, mas posso receber molecularmente e celularmente algo que eu não sei. Ele é de alguma forma melhor do que eu no dinheiro, e eu quero ser melhor para mim para que eu possa mudar o mundo a partir da minha realidade financeira.

A realidade financeira de todos tem algo a nos ensinar. Se você tiver algo a me ensinar, eu me permitirei aprender e receberei essa realidade de você.

Ou se você não gosta de alguém, repare o que põe você de pé atrás e afaste isso de você. Você sabe que cada preconceito que alguém tem de você e cada preconceito que você perante alguém tem aumenta ou diminui a sua conta bancária? Os seus preconceitos sobre si e sobre os outros facilitam o fluxo de dinheiro ou impedem esse fluxo. Imagine quanto dinheiro você teria ganho se não deixasse que preconceitos limitantes obstruíssem o seu fluxo de energia que é dinheiro. No entanto, todos nós nos encontramos julgando algo de uma forma limitante.

Quando perguntei aos participantes do meu workshop quais preconceitos eles têm de si, eles responderam com respostas diferentes com as quais acho que muitos de nós nos podemos identificar.

"Acho que sou horrível comigo. Eu sou legal com todo mundo, mas não comigo, e é essa a questão."

"Não sou suficientemente bom."

"Eu posso fazer melhor."

"Me sinto um fracasso."

"Não sou boa o suficiente. Eu posso fazer melhor e é difícil dizer isso às vezes."

Ao pensar e compartilhar esses preconceitos sobre si, esses participantes estavam descobrindo as mentiras nas quais acreditavam. E esta é uma liberação somática. Você também o pode fazer e perceber, num abrir e piscar de olhos, como isso traz à tona as suas invenções e mentiras sobre si que estão impedindo você de alcançar o seu verdadeiro potencial, até financeiramente.

Refletindo sobre experiências passadas, eu me relembro dum momento transformador durante o workshop de Maui, onde orientei um participante a reconhecer a sua excelência em falhar. Veja, eu disse para ele afirmar: "Eu sou o melhor a falhar", em vez de dizer: "Eu sou um fracasso". O contraste entre declarar "Eu sou o melhor que eu conheço a falhar" e o rótulo autodestrutivo de "Eu sou um fracasso" destaca a sua inclinação em usar o fracasso como escudo para permanecer inconspícuo. Ficou evidente que a escolha de se identificar como um fracasso serviu ao propósito de se manter pequeno e evitar a visibilidade.

O participante admitiu minimizar o que a sua vida tem de bom, temendo a inveja dos outros. Surgiu a percepção de que, ao reter os seus verdadeiros sentimentos e conquistas, eles estavam perpetuando uma mentira, impedindo não só a sua expressão autêntica, mas também limitando o fluxo de abundância na sua vida.

Mas antes de deixar que os outros tomem conta da sua vida com os seus ciúmes, preconceitos, críticas ou apenas insegurança, pense no poder que VOCÊ detém.

E se o que você diz inspirar alguém a fazer uma escolha diferente? E se você aparecer enquanto inspira alguém a fazer uma escolha diferente? Quanto mais dinheiro lhe vai trazer e quanto mais dinheiro lhes vai trazer a eles enquanto espalha abundância no planeta?

Você é a pessoa que pode mudar o mundo.

Você é a pessoa que precisa ter dinheiro nas suas mãos pois, com a sua consciência, você mudará a realidade deste planeta. A mudança de um grau que você faz agora, que está passando da invenção e da mentira para a verdade de criar leveza, diversão e liberdade, mudará a sua realidade financeira.

Tal como o meu pai me disse: "Seja a sua própria chefe. O mundo não pertence só aos homens. O mundo não pertence só às mulheres. Faça o que você ama. Se você vai trabalhar para alguém, ame isso. Se você quer ser a sua própria chefe? Seja a sua própria chefe."

Portanto, o que você pode escolher agora que você nunca decidiu escolher? O que você escolheria fazer para sair da sua zona de conforto?

Antes de estar em pleno exercício da minha atividade, eu não tinha um cliente. Eu tinha um escritório, portanto, ia ao meu escritório e marcava os meus compromissos na minha agenda. Não tinha clientes, por isso, eu apenas escrevia "Clientes Maravilhosos" num horário de 60 ou 90 minutos. Eu ficava sentada no meu escritório durante esse tempo, fazia uma pausa depois dos 60 ou 90 minutos, e depois voltava. Eu criava os meus cartões de visita, panfletos, pacotes ou fazia um telefonema e contava às pessoas o que estava fazendo.

Às vezes, eu visitava uma livraria, fazia um workshop em grupo, fazia alguma aula ou algum treinamento. E toda a vez que alguém me ligava, eu preenchia a vaga com o nome da pessoa, de que seria a sessão.

Eu só segui em frente pois optei por não acreditar na mentira de que se eu me mostrasse ao mundo, alguém se ia sentir mal. Em vez disso, eu acreditei na verdade de que, se eu me mostrasse ao mundo, outra pessoa também se ia mostrar. Algo iria inspirar essa pessoa a colaborar comigo.

Isso é ultrapassar a mentira.

Mas, para ultrapassar a mentira, é preciso agir. É o que você deve fazer.

3

O QUE QUER O DINHEIRO?

Eu trabalho com imensas pessoas que negociam no mercado financeiro. Às vezes, elas ficam presas, mas continuam indo para o mesmo mercado. Não querem sair pois podem perder. Elas acham que é um fracasso em vez dum progresso. Quando a verdade é que se não está funcionando e está ficando pesado e difícil, você se deve mover. Reduza as suas perdas e se mova. Tudo irá ser ultrapassado, e você vai ganhar no momento seguinte, noutro lugar, mas nunca de como você acha que acontecer. Portanto, você não pode usar só a sua cabeça.

Quando a sua mente está em sincronia com o seu corpo, você vivencia uma maior sensação de liberdade. Na minha vida pessoal e empresarial, priorizo a escuta. Presto atenção à sensação de leveza, pois significa que é a direção certa para mim. Se algo parece pesado, denso ou excessivamente complicado, e se eu me vejo repetidamente enfrentando obstáculos, eu não continuo insistentemente indo contra eles. Em vez disso, reconheço a necessidade de reavaliar e explorar caminhos alternativos. Não fico batendo a cabeça contra a parede.

Eu digo: "Ah, eu preciso fazer mais perguntas. Eu preciso ir para outro lugar." Então eu pergunto: "Quem, ou o quê, pode tornar isso mais fácil imediatamente? Onde preciso ir? Com quem preciso falar? Quem me pode ajudar? Que outra informação necessito? Quem tem essa informação?"

Não sei como acontece, mas consigo sempre uma solução de alguma forma. Recebo um e-mail ou uma mensagem de texto. Vejo algo no computador. Eu leio algo no correio, ou falo com um amigo, e ele me diz: "Ei, essa pessoa está procurando isso", e é exatamente o que eu preciso. Foi assim que encontrei os empreiteiros para o meu negócio.

Portanto, da próxima vez, em vez de se perguntar se eu deveria estar aqui ou ali. Basta sair e fazer mais perguntas. Você só precisa de mais informações.

Não se esqueça, a sua empresa é a sua própria entidade; lide com isso como se fosse outra pessoa. O seu negócio tem um propósito e objetivos; você deve comunicar com eles. O meu negócio se chama *Live Your Roar* (Viva a Sua *Roar*). Tem o seu propósito. Eu tenho um objetivo. Eu escutei e, em todos os lugares em que me movo no meu negócio, estou sempre fazendo perguntas.

Portanto, você precisa de mais informações começando aqui. Faça a si mesmo perguntas como:

Que outras informações posso adicionar aqui?

Quem tem tais informações?

Onde posso obter tais informações?

O que posso fazer?

Pergunte ao seu negócio:

O que você gostaria hoje?

Qual é o seu objetivo?

O que requer mais atenção?

Onde posso ajudar a ganhar mais dinheiro?

O que preciso criar para o fazer?

Quem necessito contratar?

Com quem mais preciso falar?

Onde preciso ir?

Quanto dinheiro eu preciso?

Crie um forte laço de confiança com o seu negócio e se conheçam um ao outro. Isso é o que eu chamo de vivacidade radical.

Há quatro Cs para a vivacidade radical: Colocar você em primeiro lugar, se Comprometer com você, Colaborar com o universo que está conspirando para o ou a abençoar, e depois Criar sua vida a partir daí.

Estes são os quatro princípios para você e os quatro pilares do negócio. Coloque você em primeiro lugar, se comprometa com você. Colabore com o universo que está conspirando para o ou a abençoar e, depois, crie e avancem juntos.

Eu faço um programa de rádio chamado *Beyond Abuse, Beyond Therapy, Beyond Anything* (Além do Abuso, Além da Terapia, Além de Tudo Mais), né? Estamos no ar há dois anos e meio. Nas primeiras 13 semanas, ficamos entre os três primeiros no Empowerment

Channel e ficamos entre os cinco primeiros desde o início do programa.

Escutei essa atividade todos os dias. Hoje de manhã, me levantei, fiz um programa de rádio ao vivo e escutei a atividade.

Todas as semanas, tenho de criar um programa ao vivo: conteúdo novo e original, uma descrição do programa, citações da mídia social e tópicos. Eu escuto e digo: "Ok, Terra, universo, mundo, 205.000 pessoas que me estão escutando, o que vocês querem ouvir?"

E pumba.

Eu não entro na minha cabeça e digo: "O que eu preciso fazer para o *Voice America*?" Eu pergunto: "Que energia está chamando para ser falada agora?"

O que a atividade está pedindo? Literalmente, talvez seja isso que está fazendo girar a sua cabeça – entrar em sintonia com o que está fora de você neste momento.

A sua atividade é uma energia e uma entidade própria.

Deixe que ela voe. Deixe que ela fale consigo. Tire os olhos dos resultados e ponha os olhos nas possibilidades. Será fácil descrever e atualizar as pessoas, lugares, situações e eventos que poderão colaborar em seu nome.

Curiosamente, há momentos em que, devido às nossas mentiras de dinheiro, o que nos rodeia trabalha para se opor aos nossos objetivos. Passa a ser limitante. No meu workshop, um dos meus participantes estava enfrentando o mesmo dilema. Portanto, quando falei acerca de deixar as nossas atividades e dinheiro falarem, ela fez uma pergunta descrevendo a sua situação.

Aqui está o que ela referiu: *"Faz sentido quando você está falando se o seu dinheiro gosta de você. Eu tenho essa visão na minha mente de que é um relacionamento onde eu apareço toda sexy usando uma colônia carérrima. Mas então nos sentamos para conversar e acontece isto: "Oh, você ainda está fazendo isso? A sua mãe ainda é assim? Você ainda está fumando?"*

Ao escutar a sua situação, perguntei se ela e a sua visão tinham alguns preconceitos. E aí, vocês se estão julgando? E ela respondeu:

"Não sei se me está julgando, mas é como: "Eu a amo, mas não se você ainda estiver fazendo isso. É como se me dissesse eu a amo, mas você precisa de ser desse jeito."

Estava claro que o seu amor estava enredado em expectativas e condições. Era um amor condicional, um amor que nunca nos contentaríamos numa cara-metade, mas que estava bem por se tratar de dinheiro.

Foi quando decidi explorar os sentimentos da participante relacionados com o controle, a superioridade e a relutância em receber alegria. Negou ser uma pessoa controladora e alegou ser livre noutros aspectos. Portanto, eu fiz outra pergunta importante: "O que você ama nas condições impostas?" E foi aí que a verdade se começou a revelar; ela mencionou que é "algo relacionado com a superioridade" para ela.

Esta relação condicional que ela tinha com o dinheiro estava restringindo a sua alegria, e mesmo assim ela contou a si mesma esta mentira de que a estava tornando superior. E ela vinha restringindo a sua alegria desde os sete anos de idade.

Mas quando ela descobriu as mentiras, ela contou a si mesma e fez um exercício de respiração, e conseguimos criar uma mudança fisiológica e psicológica de um grau que ela precisava. Quando entendeu que estava afastando a alegria dela desde os sete anos, ela se moveu para fazer uma mudança.

É assim que as nossas mentiras do dinheiro se perpetuam, levando a conflitos internos e à falta de abundância. E tudo o que precisamos é de uma mudança de um grau.

4

O PODER DO PRECONCEITO

Nós humanos, somos seres corajosos, mas o dinheiro não é necessariamente um tema divertido de que as pessoas gostam de falar. Agora que compartilhei com vocês algumas das mentiras do dinheiro, vou ver se o ou a consigo estimular um pouco e, num dado momento, você pode rir e trazer à tona o que realmente o ou a trouxe até aqui para estar lendo este livro. A curiosidade acerca do dinheiro.

Depois de mais de vinte anos trabalhando numa profissão da mente, realizando workshops locais, nacionais e internacionais, o que aprendi é que há três motivos pelos quais as pessoas vêm realizando trabalho pessoal para estimular a mudança e transformação:

1. Saúde – ocorre alguma crise.
2. Relacionamentos – um rompimento, uma separação ou divórcio.
3. Dinheiro – problemas nos negócios ou não conseguir ganhar o suficiente para sobreviver.

Após algum tempo, eu passei a ser bastante boa a trabalhar com pessoas na área dos relacionamentos e da saúde, eu inclusive. Mas isso do dinheiro ainda me estava corroendo a mim, aos meus clientes e ao mundo. Decidi que me ia focar nisso para ver o que mais posso fazer para contribuir para esse tema em que as pessoas estão fazendo workshops e escrevendo livros.

Foi meio que um alargar do meu branding pessoal. Se você não sabe o que é um branding pessoal, alguém lhe diz qual deve ser o seu nicho e depois limita você numa caixa – e você deve ficar nela e não sair dela.

Para aqueles de vocês que estão apenas me conhecendo, é como aquela coisa do Dirty Dancing, "Ninguém põe a Baby num canto". Você não me coloca numa caixa; não há caixa em que eu caiba.

Quando comecei a me alargar para esse tema do dinheiro, eu estava fazendo workshops, telechamadas, o meu programa de rádio *Voice America*, além das sessões individuais, sessões de coaching e sessões VIP com pessoas. Mas, ao mesmo tempo, o meu pai tinha falecido há alguns anos, e eu atingi uma situação financeira má para além de uma parafernália de outros problemas.

Percebi a minha cegueira em relação à realidade do dinheiro, e me senti uma tonta. Aqui estava eu, tentando descobrir como ajudar os outros a consertar a sua relação com o dinheiro, mas eu estava cega em relação à minha própria realidade financeira.

Portanto, eu comecei a olhar para as decisões que eu tomei relativas ao dinheiro, o que ganhar dinheiro significava para mim – como eu o tornei tão significativo, como era o meu Deus, como era a maneira como eu recebia amor ou a maneira que eu me sentia sobre mim mesma se eu tivesse dinheiro. Eu não me sentia bem comigo mesma se não tivesse dinheiro.

E então comecei a me questionar: "O que está por detrás de tudo isso?"

O que é esse negócio do dinheiro com que todo o mundo está tendo algum tipo de problema? Ele faz o mundo girar.

Eu já tive muito dinheiro e fiquei sem dinheiro. E eu tenho uma comunidade muito grande de pessoas com imenso dinheiro – e elas têm tantos problemas com o dinheiro quanto pessoas sem dinheiro.

Não importa se você não tem nada, tem bilhões, milhões ou quatrilhões. Ainda há questões em relação a esse negócio chamado dinheiro – portanto, ninguém escapa.

Então, quando o meu pai faleceu, eu fiquei pensando: "O que é isso? Qual é o significado desse negócio chamado dinheiro que todo mundo escolhe não usufruir?"

E mesmo quando usufruem dele, têm sempre medo de: "Quando o vou perder? Quando vou deixar de o ter?"

Há todos os tipos de síndromes – por exemplo, das "vacas gordas e vacas magras", "mentalidade de trabalho árduo/escravidão" ou "trabalhe no duro, não é fácil". Ou "eu sou como um escravo e serei sempre propriedade de alguém" e "eu tenho de trabalhar para outra pessoa pois não posso trabalhar por conta própria, pois, se eu trabalhar por conta própria, como eu me vou realmente virar ou deixar que alguém cuide de mim?"

Tudo isso acontece nessa realidade e também dentro de mim.

Quando o meu pai faleceu, eu literalmente perdi o acesso a tudo. O meu chão desabou, e não me restava nada. Eu sei que você se deve estar perguntando por que tinha acesso à conta do meu pai. Permita que explique isso um pouco mais tarde.

Portanto, eu me lembro de estar num posto de gasolina, colocando um cartão na bomba para meter gasolina como eu normalmente fazia. Eu nunca tive que pensar duas vezes sobre esse assunto antes. Isso não significa que eu não tivesse tido problemas de dinheiro ou falta dele no tempo em que já tinha pisado este planeta, mas não tinha nada naquele momento.

Pensei: "Como vou pagar isto? E como vou viver?"

Nunca precisei pensar assim pois sempre tive o meu pai. Ele tornou a minha vida bastante fácil e foi sempre alguém que dizia: "O que você quer?" Eu nunca sabia quando aconteceria, e sempre que foi meio que uma piada: "Tudo bem, eu vou descer à cave, vou até à minha máquina de imprimir dinheiro e ele vai aparecer na sua conta". Ele era o meu caixa eletrônico, o meu cartão de débito, de muitas maneiras – sem código PIN, sem senha, era só pedir e receber.

Era fácil, mas vinha de outra pessoa. Vocês entendem, certo? Não tinha a ver comigo; estava fora do meu controle.

E quando ele se foi, eu fiquei lá naquele posto de gasolina assim, pensando: "Eu não faço a menor ideia do que significa ter dinheiro, do que realmente significa economizar dinheiro, ou planejar um futuro com dinheiro no nível que eu sabia que realmente precisava, pois tudo me foi dado por outra pessoa".

Eu estava próxima do meu pai? Morávamos perto um do outro? Não, ele percorria o país inteiro. Na verdade, raramente nos víamos ou falávamos ao telefone. Essa era a nossa relação, e a distância era grande, mas estava tudo bem. Foi o que fizemos.

Desde muito jovem, ele me disse: "Lisa, este mundo não pertence só aos homens. Também pertence às mulheres. Seja a sua própria chefe, faça o que você ama e nunca se acomode, ganhe o seu próprio dinheiro, seja feliz."

Portanto, eu fiz isso, ele tornou a minha vida fácil, embora isso não signifique que eu não tenha trabalhado arduamente de manhã até ao fim do dia. Amei e apreciei o que fiz, ajudando pessoas.

Portanto, avançando rapidamente, a sua morte foi como um tapa na minha cara: "Ah, eu só posso ajudar as pessoas até ao ponto onde estou". Era um bolso cego que eu tinha até então. Eu nem sequer sabia que ele estava doente, e ele faleceu quando eu estava no exterior sem que eu me pudesse despedir dele a não ser pelo celular, o que foi perfeito. É uma história linda.

Ele queria que eu estivesse onde eu estava, fazendo o que eu amo, vivendo a minha vida. Eu não precisava estar lá com ele. Pode parecer uma justificação para alguns, mas foi a minha percepção.

Se você conhece a minha história, as outras coisas que estavam acontecendo na minha própria casa não eram assim tão fáceis, mas era um pouco privilegiada. Era como se: "Caramba, dadas 2 décadas e meia de abuso e violência que sofri na minha infância, de sexuais a financeiras, de físicas a emocionais, de mentais a energéticas", ter um pouco de facilidade – um pai sem senha ou código pin que é um caixa eletrônico – bem...

Senti que merecia, dado o que sofri.

Fiquei grata por essa experiência, pois ele sempre me apoiou desde o começo, e depois, mesmo após a sua morte, ele me mostrou: "Se eu me for embora, quem você tem?"

E foi então que eu percebi quem eu tinha; foi assim que a minha situação financeira mudou.

Eu estava lá para mim.

O meu chão ruiu aos meus pés; todo o dinheiro e acesso a dinheiro que eu já alguma vez tive na minha vida através do meu pai me foi completamente tirado com a sua morte. Fiquei ali, sem acesso a dinheiro, sem conta bancária, cartão de crédito, nada. Naquele posto de gasolina naquele dia, eu sabia que o meu pai tinha ido embora, e não havia uma pessoa neste planeta com quem eu pudesse contar para me ajudar financeiramente.

A única pessoa, a única com quem eu podia contar era eu – e eu tinha de fazer algo completamente diferente. Foi aí que enfrentei diretamente as mentiras do dinheiro – tudo o que eu acreditava, a persona que desenvolvi à volta dele, a segurança que supostamente tinha através dele – tudo isso.

Ele me chamava de Lili. "Claro, Lili, eu vou até à cave vou até à máquina de imprimir dinheiro, imprimo algum dinheiro, e ele estará na sua conta."

Eu nunca sabia quando ia chegar. Podia ser em duas semanas, um mês, três meses ou no dia seguinte, mas eu sempre o via a cair na minha conta. Era assim que funcionava com ele.

Fiquei em choque, olhando para trás e pensando: "O que significa só poder contar consigo mesma em relação ao dinheiro? O que significa realmente só poder contar consigo mesma para se erguer no mundo e não depender de ninguém, não se projetar em ninguém, não retirar nada de ninguém, não sugar ninguém, não se vitimizar para conseguir dinheiro, não se defender duma autoridade, nem mesmo se deixar cair na tragédia ou no trauma ou no drama da sua própria história? Pois, acredite, se você se quiser sentar e falar sobre uma história, eu tenho uma."

Me lembro de pensar: "Uau, esta vai ser a primeira vez que sou plenamente responsável pela minha realidade financeira".

Mal sabia eu que o falecimento de meu pai não me deixaria outra escolha se não ter de me erguer – que seria eu me empoderando e sabendo como é depender exclusivamente de mim e deixar completamente para trás a história da vítima, a história do trauma e drama, a história da catástrofe.

Mal sabia eu que o meu passado abusivo ao crescer, as duas décadas e meia a três de abuso que passei e sofri, seriam a luz que iluminaria o meu caminho através do qual as minhas próprias mentiras acerca do dinheiro passariam e me moveriam para além da jaula da destruição, morte e escassez, em que gastava, mas não tinha, e recebia imenso dinheiro pois eu sempre ganhei muito dinheiro, mas nunca me permiti manter esse dinheiro.

Todos os outros eram mais importantes.

As pessoas que tiveram um relacionamento comigo estavam bem. Confie em mim, ainda me estão pedindo dinheiro. Eu disse não a alguém recentemente pela primeira vez em muito tempo. Eu disse: "Não, acabei de dar dinheiro. Quero que me devolva esse dinheiro através de um plano de pagamento, e depois conversamos." Essa é a minha faceta de novaiorquina vindo ao de cima. Mas é assim que me sinto ao depender só de mim e dizer sim quando na verdade é um sim e não quando é um não.

5

A MINHA ASCENSÃO

A morte do meu pai catapultou os meus negócios, o meu ser, o meu corpo e o trabalho que eu ia fazer no mundo para o acordar financeiramente, e mal sabia eu que isso ia fazer com que vivesse a minha realidade financeira pela primeira vez.

O que desenvolvi é o que agora chamo de jaula do abuso, a vivacidade radical e a ponte para facilitar o caminho para essa vivacidade.

A jaula do abuso é o que eu chamo aos "4 Ds": Denegar, Defender, Desassociar, Desconectar.

Na história que eu contei, você consegue ver toda a denegação que eu estava vivendo devido ao que meu pai tão naturalmente me presenteava? A defesa de ter de cuidar de mim, a dissociação de me permitir ter o dinheiro como eu o merecia e criava.

Naquela época, eu era a pessoa com quem você queria estar. Eu punha algumas centenas de notas na mesa, e quando terminávamos esse dinheiro, eu punha o meu cartão de crédito na mesa. Os meus amigos e eu tínhamos momentos perfeitos todas as

quintas, sextas, sábados e domingos à noite. Eu sentia-me muito generosa, tal como meu pai.

Tudo isto me levou a esta jaula de abuso em torno do dinheiro, que era tão limitante e tão constritiva que eu podia trabalhar arduamente, ganhar imenso dinheiro – mas nunca o conseguia manter.

Eu ficava com ele por pouco tempo. Era como a síndrome de "comer e vomitar". Eu ganhava imenso dinheiro e depois ficava do tipo, "La-la-la-la-la-la-la" seguido de: "Tudo bem, agora tenho de o ganhar de novo."

Era um festim ou fome.

Eu ganhava o meu próprio dinheiro e não dependia totalmente do meu pai, mas não tinha nenhum fundo de emergência. Eu não tinha nenhuma noção de que devia poupar ou guardar o meu dinheiro no meu bolso.

Passando para a vivacidade radical, algo despertou em mim naquele posto de gasolina. Sem poder pagar nada, pensei: "Ah, tenho de me dedicar a mim. Tenho que me colocar em primeiro lugar e à minha realidade financeira".

Num determinado dia, eu ouvi: "Peça, e você receberá". A minha forma de entender isso, é que o Universo está conspirando para me abençoar. Faz parte dos "4 Cs": Se Comprometer com você, Colocar você em primeiro lugar, o universo está Conspi-

rando para me abençoar e quer Colaborar comigo, e depois Criar.

Isso é o que eu chamo de vivacidade radical, e você passa

da jaula para a vivacidade radical com a ajuda dos "4 Es" – para lhe facilitar a passagem – Engolir, Examinar, Encarnar e Expandir.

Engula e aceite o que quer que esteja acontecendo, Examine com uma tenacidade de consciência e verdade. Não se esqueça, você só pode ir até onde você se permitir ir e ver, e você só pode levar outra pessoa, se você trabalhar com outras pessoas, até onde você foi. Eles não podem ir além de você se você não percorreu esse caminho.

Sou grata por conhecer todas as mentiras de dinheiro que passaram através do meu próprio pai que foi uma criança muito pobre, de Brooklyn, com uma educação pobre, família alcoólatra, e daqueles que me foram presenteados através do seu falecimento.

Eu não tinha consciência até então por causa dele. Ele dizia: "Eu nunca tive nada, vocês têm tudo, quero ver vocês usarem o que dou a vocês e serem felizes enquanto eu estiver vivo". E foi exatamente isso que ele fez.

6

———

A CRENÇA E A REALIDADE

Você sabia que as suas crenças também dão forma ao seu corpo? E você sabia que as suas crenças também criam a sua realidade financeira?

Você já se sentiu preso ou presa, como uma proteção de tela de computador? Basicamente, quando nos sentimos presos, são os nossos pontos de vista que estão presos. Você pode ter feito movimentos laterais e mudanças laterais, mas nunca passou dessa limitação, dessa constrição.

Você melhora – mas nunca vai mais além.

E a isso se chama sobreviver e prosperar, mas nunca estar radicalmente vivo ou viva. Portanto, como você pode sair daí?

Mais uma vez, tudo o que estamos procurando é uma mudança de um grau.

E quando você pensa agora e percebe todos os preconceitos, as decisões, as conclusões, os cálculos, os constructos, as separações, as guerras, os traumas, os dramas, as catástrofes no mundo inteiro de agora em relação ao dinheiro, uma mudança de um grau neste planeta é enorme. Tem a capacidade de girar o mundo no seu eixo.

Portanto, quantos de vocês acreditam que devem trabalhar arduamente para ganhar dinheiro? Quantos de vocês acreditam que não é mentira, que é uma verdade absoluta?

Agora, considere o seguinte: quantos dos seus corpos realmente acreditam que não há falsidade, que é uma realidade inquestionável? Embora a sua mente possa reconhecer que ganhar dinheiro nem sempre requer trabalho extenuante, o seu corpo pode não estar de acordo.

Você acredita que a noção de trabalhar arduamente para ganhar dinheiro é apenas um construto mental, não relacionado com o seu corpo? Quando a sua mente e corpo possuem crenças conflitantes, criam uma realidade conflituante.

Gostaria de lhe fazer algumas perguntas. Conforme faço as perguntas, preste atenção ao que acontece no seu corpo. Se você se sente leve, expansivo ou expansiva e com uma boa energia, é uma indicação da verdade.

Por outro lado, se você sentir densidade, constrição ou achar que os seus pensamentos se estão desviando para planos após sessão, e tem um desejo de que acabe rapidamente, então, você pode estar descobrindo que o que o que você acha que é verdade, é na realidade, uma falsidade. Uma constrição densa significa uma mentira, enquanto a expansão, uma energia esfuziante e um ambiente legal apontam para a verdade.

Portanto, sinceramente, você reconhece ter uma realidade conflitante com o dinheiro? Essa realidade conflituante é a mentira que você segue, e obedecer a uma mentira perpetua a sua existência.

Quantos de vocês já tiveram sentimentos conflitantes em relação ao dinheiro nos seus relacionamentos com as suas cara-metade? É exatamente disso que eu estou falando quando falo de uma realidade conflituosa. A adesão do seu corpo à mentira molda as suas realidades conflitantes, estabelecendo uma realidade vibracional que confina a sua pessoa, criando uma jaula autoimposta no que toca ao dinheiro. Esse construto, muitas vezes confundido com criação, é na realidade destrutivo e nada tem a ver com colocar você em primeiro lugar, se comprometer consigo ou colaborar com o Universo para que conspire a seu favor.

Agora, considere o seguinte: a crença de que o seu dinheiro flui depende da sua bondade ou maldade, ou do seu nível de esforço, é leve ou pesada dentro de você? Observe a discórdia interna, o vacilo, a denegação, os mecanismos de defesa, a dissociação e a desconexão. Perceba que não há espaço para a escolha dentro dessa estrutura, criando a ilusão dum Universo sem escolha.

No entanto, posso assegurar, que tudo nunca é tão limitado quanto parece. As suas crenças e perspectivas únicas acerca do merecimento, bondade, maldade, trabalho árduo ou a falta dele não são intrínsecas a você. Você acumulou esses construtos nesta realidade, os transformou e declarou: "Isto sou eu."

As boas-vindas à sua realidade financeira. Eu também o fiz.

7

———

UMA REALIDADE
FINANCEIRAMENTE ABUSIVA

Com toda a honestidade, até mesmo durante os abusos – os estupros que sofri e os que vivi – nada é tão assustador quanto ter a sua conta bancária a zero. Você não pode recorrer a ninguém; quando o inevitável acontece, quem estará lá para ajudar você? É um lugar terrivelmente assustador.

Creio que esta é a verdadeira epidemia da nossa realidade. Os nossos preconceitos, perspectivas e as realidades financeiras, psicológicas e psíquicas que adotamos nos adoecem, nos tornam infelizes e nos levam a escolher relacionamentos – eu incluída. É como se continuássemos despejando coisas, depositando sem parar e nunca progredindo pois somos constantemente obrigados a bater nesse ponto.

Portanto, quem é o verdadeiro perpetrador, a realidade ou quem somos?

De certa forma é tudo uma perpetração, a menos que façamos essa mudança de um grau dessas mentiras. Portanto, de que mentiras estou falando?

A primeira é que o dinheiro é a prova de que uma pessoa está certa ou errada. Quantos de vocês acreditam que seriam felizes se tivessem dinheiro? Você certamente poderia acreditar, com certeza, que seria mais feliz se tivesse dinheiro, pois o dinheiro lhe dá mais escolhas, não é mesmo?

Mas a verdade é o contrário. Uma das mentiras do dinheiro que eu espero passar para você é que o que você pensa não é o que você está projetando lá fora. Que o que você sente e encarnou como o recipiente de armazenamento acumulado de porcaria – que você chama de criação – é o que está criando o seu dinheiro e a sua situação financeira, em oposição ao que você sabe.

Eu sei que vocês são todos brilhantes. Eu sei que você fez imenso trabalho pessoal. Eu sei que você lê coisas. E eu sei que você é inteligente – você mora aqui. Eu entendo. Eu também morava aqui.

E todos nós nos apegamos a mentiras como as seguintes:

Tenho de provar que valho algo e posso fazer isso com dinheiro.

Só sou amável quando tenho dinheiro.

Só é possível alguém me amar se estiver dando algo à outra pessoa. Ninguém nunca me vai amar por ser quem eu sou.

Nunca vou conseguir ser independente financeiramente. Vou sempre depender de outra pessoa.

Uma família com duas rendas é melhor do que uma família com uma renda.

Tudo isso são mentiras que o seu corpo encarna e reflete na sua realidade. Enquanto a sua mente olha para tudo o que eu estou dizendo aqui e diz não, o seu corpo está dizendo sim. A sua mente diz "Não" e o seu corpo diz "Sim". A sua mente está dizendo: "Eu costumava fazer", e o seu corpo está dizendo "Eu ainda faço".

Uma forma de você descobrir se tem essa realidade conflituante é fazendo algumas perguntas. Imagine se o seu dinheiro decidisse falar com você, o que ele lhe diria? Basta pensar nisso. Quando perguntei isso no meu workshop, as pessoas responderam:

"Você acha que eu não sou suficiente."

"Que porra é essa."

"Você não precisa de se preocupar comigo."

"Você nunca me deixa entrar."

"Você precisa tratar de mim."

Mas quais são essas respostas? Não deveríamos ter uma relação saudável com o dinheiro?

Mas se você está recebendo respostas semelhantes do seu dinheiro, então você sabe que errou. Você tem sido um mau parceiro ou parceira.

Portanto, quão errado ou errada você está? Um pouco, mega, ou um pudim de tapioca mocha megaton com uma noz no topo?

Quantos de vocês acreditam no grau do seu erro até certo ponto? Além disso, quantos dos seus corpos encarnam essa sensação de erro, simplesmente porque a sua mente os convenceu? Não se esqueça, o seu corpo é incrivelmente inteligente, servindo como órgão sensorial para percepcionar, saber, ser e receber, capacidades que muitos de nós raramente encarnamos verdadeiramente.

Considere essa perspectiva como ir "Mais Além" – uma constatação que ela articulou: "Eu nem deveria estar aqui, é quão errada eu estou". Mas, sob essa superfície, ainda estamos procurando, ainda não atingimos o cerne da questão. Uma pessoa permanece na realidade sonâmbula da anestesia, do entorpecimento, da dissociação e numa jaula – profundamente enterrada. No entanto, se conseguirmos chegar a esse ponto, podemos sair de lá.

Mas, isso requer tomar a escolha de viver, a escolha de abraçar a sua própria realidade financeira, independentemente da sua história. Independentemente da sua ancestralidade, da sua saúde, das suas tragédias, traumas ou experiências passadas, nada pode despojar o seu ser intrínseco. Nenhuma mentira pode.

Quando caímos nessas falsidades e moldamos as nossas vidas de acordo com elas, consequentemente, impregnados de um sentimento de falsidade, inevitavelmente projetamos isso nos outros. É como ver o mundo através duns óculos coloridos que julgam tudo, um conceito que explorei num programa do *Voice America* intitulado *"Seeing Through Abuse Colored Glasses"* (Vendo Através dos Óculos Coloridos pelo Abuso).

Como você se está julgando de acordo com o dinheiro, perpetuando uma realidade financeira que nada tem a ver com a essência do seu ser? Quer esteja relacionado com os seus antepassados, pais, história pessoal ou percalços da infância, tendemos a nos apegar a essas histórias e nos moldar à sua imagem.

Eu desafio a que você se libertar desse ciclo e se torne numa pessoa que consegue acumular riqueza. Vocês, as pessoas aqui presentes, têm o poder de mudar essa realidade e se permitirem a possuir essa realidade – e eu estou incluída nessa afirmação. Nunca me permiti a vivenciar o que estou vivenciando agora.

No entanto, ter passou a ser a encarnação mais profunda da cura para mim. É desafiante articular, mas ter – ser eu, ser você, se comprometer consigo, colaborar consigo, colocar você em primeiro lugar e criar a partir desse espaço – essa é a verdade.

8

O DINHEIRO CRIA, O PRECONCEITO DESTRÓI

Quando o meu pai foi para Nova York, o meu trabalho era estar na cave com ele, onde era o seu escritório. Ele tinha 16 apartamentos que tinha comprado, unidades multifamiliares, casas remodeladas.

Recolhíamos o aluguel e havia pilhas de dinheiro. Usávamos calculadoras antigas e blocos verdes antes de termos um computador. Eu estava lá e colocava o dinheiro na minha boca. Eu sentia o seu cheiro e estava meio sujo, mas eu amava.

Depois consegui um emprego num banco, e todas as sextas todos os advogados entravam e eles empilhavam e voltavam a empilhar notas de maior valor frescas e novinhas em folha, e é por isso que eu amo essas notas. Eu era do tipo, "Sim, venham para o meu caixa. Quero contar essas notas de grande valor."

Tive essa paixão e caso amoroso com uma realidade financeira que só me fazia feliz. Eu amava contar e organizar dinheiro. Na verdade, eu olhava para todas as carteiras dos meus amigos e me certificava de que eles organizavam o seu dinheiro: notas de cinco, dez, vinte, cinquenta e cem.

Conheço pessoas que só tinham notas todas amarrotadas. Não aguentava. Eu dizia: "O que você está fazendo com o seu dinheiro, trate o seu dinheiro melhor, ame o seu dinheiro e ele virá ter consigo!"

Eu tenho um pouco de TOC, acho eu, mas significava algo para mim. Essa dança das moléculas felizes com o dinheiro simplesmente acontecia para mim. Eu amava estar sentada no cofre do banco e amava quando os veículos blindados vinham. Sempre que eles estavam passando, eu ficava do tipo, "Que bom! Para que banco será eles vão?" Eu estava simplesmente obcecada. Eu não sei o que vocês faziam quando eram crianças, mas eu seguia o dinheiro.

O dinheiro vai para a festa da felicidade.

Não vai à festa da depressão, da restrição e da tristeza.

E acredite em mim, quando adoeci com uma doença potencialmente fatal há anos e o endocrinologista me disse, "Tem de a aniquilar, tomar medicamentos para o resto da vida ou tirar algum órgão", eu afirmei, "Tem de haver outra escolha."

"Não há."

Se lembra de que eu falei algo sobre uma caixa – que eu não posso ser colocada numa caixa? Não me diga que não há outra solução pois eu vou encontrar uma.

Foi aí que eu fui parar a um Instituto chamado Theta Healing® e passei 3 meses lá. Em 3 meses, fiz o meu mestrado em Theta Healing® e, em 3 semanas, deixei de estar doente.

Me disseram que não havia nada que pudessem fazer além de me prescrever medicação, fazer uma cirurgia para remover o negócio ou outra coisa qualquer – e eu curei tudo energeticamente.

Eu usei cada centavo que eu tinha naquela época para me curar holisticamente a mim mesma. Abri mão da minha casa, da minha aposentadoria, e de tudo o que tinha por essa escolha. Eu sabia que ia conseguir de novo. Me custou cerca de 5 milhões de reais para me curar de forma naturopática. Nem um grama de nada farmacêutico, e sem seguro. Bem, eu tinha seguro, eu estava pagando por ele há décadas, mas quando chegou a hora, não me serviu de nada devido a escolher me curar holisticamente.

Felizmente, eu tinha uma apólice de seguro de invalidez que a minha tia tinha feito para mim, e foi assim que fui para o Instituto Theta Healing® e obtive meu mestrado em Theta Healing®. Algumas pessoas diziam: "Oh, meu Deus, você não devia gastar esse dinheiro pois você tem uma dívida enorme". Pensei, "Isso vai ser a minha cura, e isso vai ser tudo. Vou usar esse dinheiro para isso."

Use o seu dinheiro para criar, não para destruir. O preconceito destrói.

Eu pensei que depois do Instituto Theta Healing®, eu estaria pronta, mas quando aterrissei em Bali há alguns anos, eu não sabia que iria surgir outro nível de "acho que a minha vida acabou". Eu estava indo para Bali para me curar ainda mais.

Eu tinha virado as costas a imensas coisas, e também senti que as coisas me tinham virado as costas bastante claramente. Quando cheguei lá, eu estava meio desanimada novamente com um monte de coisas, não só com o dinheiro. "Qual é o sentido, qual é o propósito disso, daquilo e daqueloutro?"

Lá estava eu, deitada numa das mesas numa cabana dum curandeiro, tal como no livro *Comer, Rezar, Amar*. Eles tinham uma pessoa especial para trabalhar no meu corpo, e ele estava literalmente arrancando essas mentiras que eu estava encarnando no meu corpo. Eu fiz um programa de rádio no Voice America chamado *The Shards of Abuse* (Os Fragmentos do Abuso). Ele os arrancou para fora do meu corpo e a minha mente ficou do tipo: "Do que você está falando? Não consigo ver a energia, não consigo ver nada, portanto, do que você está falando?"

E então ele me entregou. Um fragmento.

Isso demorou algo como 8 horas. Era tudo o que eu carregava pelo mundo, que é como eu sei de todas essas mentiras do dinheiro. Eu me aproximei naquela sessão de 8 horas com esse curandeiro tirando coisas do meu corpo.

E então, finalmente, assim que o senti, o meu senso psíquico se abriu ainda mais e eu pude ver as energias, eu pude ver os sistemas de crenças. Vi as palavras e as pessoas. Vi as fotos e a minha infância. Vi muita coisa. "Não é à toa que eu quero morrer, eu entendo. Que melhor forma de partir do que em Bali? É fácil."

Bem, algo mais aconteceu e eu escolhi outro caminho.

Naquele momento, eu afirmei: "Eu tenho mais vida para viver pois o que está saindo do meu corpo são todas as mentiras. E não é possível morrer de mentira.

Eu quero viver e vou viver à grande e vou viver a minha ROAR!"

E foi isso que eu decidi fazer, e mudei o nome do meu negócio para *Live Your ROAR®* – *Live Your Radically, Orgasmically Alive Reality* (Viva a Sua Realidade Orgasmicamente Animada Radicalmente) em vez de *The Beyond Abuse Revolution* (A Revolução para Ultrapassar o Abuso) e *The Beyond Abuse Movement* (O Movimento para Ultrapassar o Abuso).

Pensei: "Sobrevivi a tudo isso. E se eu consigo sobreviver aos fragmentos saindo do meu corpo e a algum velho avô pegando uma faca e a colocando nos meus seios dizendo: "Desculpe, desculpe, só vai doer um pouco, desculpe, desculpe, só vai doer um pouco, desculpe, desculpe, só vai doer um pouco" – Doeu, mas as mentiras doem mais.

Essa densidade que você sente no seu corpo, isso é uma mentira, não é você.

Quantas mentiras você está projetando nos seus fluxos de dinheiro?

Pois foi isso que aprendi em Bali.

Tinha um problema em receber. Uma recusa em receber.

Eu me boicotei.

Você está rindo pois eu sei que você também tem esse problema.

Eu literalmente cheguei ao ponto em que eu tinha sofrido o suficiente e eu tinha morrido o suficiente, e então eu escolhi ter tudo, não importava o que acontecesse. Não importava o que eu tivesse que perder, não importava quem eu tivesse de perder, não importava para onde eu tivesse de ir, não importava o que eu tivesse de fazer, os livros iam acabar por sair, o programa de rádio ia viralizar.

Tenho 205.000 ouvintes agora em vez de 30.000. O meu primeiro livro vai ser publicado e depois vamos trabalhar nos outros. E, e, e, e, e, e, e completamente – até, a partir de ontem, demiti toda a minha equipe com a qual eu trabalhava – 12 pessoas – dando um aviso de 30 dias e tendo de começar de novo.

Quando eu falo que estou farta, eu estou farta.

É tudo ou nada, foi o que aconteceu em Bali.

Eu estava vivendo um pouco disso antes, mas quando os seus olhos estão abertos e você vê todas as mentiras e faz essa escolha, a providência também se move. O que foi que eu fiz? Coloquei-me em primeiro lugar, comprometi-me comigo, colaborei com o Universo que conspirou para me abençoar e criei.

Nenhuma pessoa é responsável por nada. Nem um desgosto ou com quem quer que eu estivesse, tinha algo a ver com nada além do que eu escolhi. Nem um problema, nem um estupro, nem um abuso, nem uma dificuldade com um cliente, nem uma situação legal, nem uma situação familiar, não importava.

Eu não importava quem eu perdi ou o que eu perdi; eu não me ia mais perder. Eu me ia colocar em primeiro lugar. E nada voltaria a ser como antes. Nada ia ter uma projeção, uma separação, uma expectativa, um ressentimento, uma rejeição, um arrependimento. O meu corpo não ia sofrer mais, a minha mente não ia seguir o mesmo caminho que tinha seguido.

Tudo o que escolhi comer após aquele momento foi diferente. Tudo o que eu escolhi beber era diferente. Tudo o que eu colocava no meu corpo era diferente. Todo o mundo com quem eu compartilhava o meu corpo era diferente. A sério, tudo era diferente.

Há uma certa comida que sempre foi a minha comida de recaída que eu simplesmente amava: pizza. Na Califórnia, você pode arranjar pizza sem glúten, mas é difícil de arranjar no Texas. No entanto, há pizza sem glúten aqui, na *Good Earth*. Eles têm a melhor pizza de cogumelos sem glúten, mas, quando eu a vi lá hoje, o meu corpo pensou, "Verduras".

É mais como uma vibração, e quando você não percebe e não segue mais as mentiras, a vibração obviamente muda. E aí o que você atrai, cria, institui e gera mudanças e passa para essa vibração.

9

ASSUMA O CONTROLE

Quantos de vocês estão evitando ter rios de dinheiro que poderiam ter ao se recusarem a ser uma ofensa passível de preconceito nesta realidade? Imagine quanto mais dinheiro poderia surgir no seu caminho se você estivesse aberto ou aberta a ser julgado ou julgada por tudo e todos sem deixar que isso o ou a afetasse. A ideia é que, quando você tenta ativamente se proteger do preconceito dos outros, você pode inadvertidamente se tornar num alvo de críticas, dificultando o fluxo de dinheiro na sua vida.

Enquanto você permanecer doente e com depressão, você é alvo de preconceito. Enquanto você se vitimizar, não escolher a sua realidade, você fica sendo alvo de preconceito. Se você apontar o dedo para o outro lado, você é alvo de preconceito.

Quando você começa a apontar o dedo, é melhor acreditar que haverá milhões deles vindo para o ou a aniquilar.

Eu tive uma experiência numa aula recentemente onde os meus panfletos estavam numa mesa, e quando voltei no intervalo seguinte, todos os meus panfletos e tudo sobre os meus workshops tinham desaparecido, completamente e propositadamente.

Na época, eu acreditei na mentira de que havia algo de errado comigo, que eu tinha feito algo que fez com que alguém quisesse fazer isso – que *eu* estava fazendo aquilo. E depois, quando eu saí dessa, eu pensei: "Nossa, o que eu estou sendo é uma ofensa a essa pessoa, à realidade dessa pessoa."

Percebi que a maior mentira que tenho vivido é que criei algumas dessas coisas.

Às vezes, preciso perceber que o que eu crio é, na verdade, criar mais para outras pessoas, e isso não é um erro meu. É uma capacidade que aprendi. Eu não teria adivinhado pois nunca surge do jeito que você acha que vai surgir.

Aqui está uma pergunta para você:

Sempre que você entra numa restrição de dinheiro,

numa jaula, pergunte: "O que isso está criando, ou o que isso vai criar?"

Deixe que perceba o que isso é.

Se for pesado, mude imediatamente. Se for leve, vá em frente e perceba que, seja qual for a sua escolha, há sempre outra escolha 10 segundos depois.

Não há nada que o ou a impeça de ter o dinheiro que deseja e precisa para viver a vida dos seus sonhos.

Às vezes, as pessoas espirituais escolhem não ter dinheiro. Mas nenhum Deus que eu conheço gostaria que a gente não tivesse nada pois nós somos pessoas, vocês são pessoas, e as pessoas estão esperando que você saia da sua casca pois você pode realmente mudar essa realidade tendo dinheiro.

Você poderia gastar o dinheiro de formas que pudessem mudar conscientemente essa realidade. As pessoas precisam escutar a sua voz, não importa o que você faça, e essa realidade é movida a dinheiro. É simplesmente assim.

Você pode escolher qual ponto de vista e realidade você quer criar com o que faz mover essa realidade – e não erradicar, morrer, se afastar, não se juntar ou continuar sofrendo. A realidade orgasmicamente animada radicalmente passa a ser a sua aliada radical, a sua aliada orgástica.

Crie uma realidade animada com dinheiro – eu desafio você.

Seja você, para além de seja o que for e crie magia.

10

A ENERGIA DO DINHEIRO

Uma das minhas formas favoritas de discutir a desilusão é injetando muita risada na conversa. Eu viajo pelo mundo, ajudando pessoas na transição através do trauma e a criar após o abuso. Fazer isso requer uma certa leveza e senso de humor pois, sem ele, o processo poderia parecer um remédio amargo difícil de engolir.

Para começar este capítulo, gostaria de perguntar se você estaria aberto ou aberta a se permitir ter apenas um por cento de mais de dinheiro do que você tinha antes. Agora, considere: Quanto lhe está custando não fazer essa escolha? (Há sacos de vômito disponíveis lá atrás.)

Pessoalmente, recentemente enfrentei uma decisão crucial sobre o meu negócio e a perspectiva de contratar uma nova empresa de marketing. Se resumia a escolher o que não fazer versus o que eu realmente queria fazer. Optar por esta última opção significou abrir mão dum número significativo de pessoas no meu negócio, mas eu estava dividida pois gostava das pessoas e tinha investido imenso esforço no seu trabalho.

Reserve um momento para refletir no espelho: Quando você esteve numa situação semelhante?

Muitas vezes se resume à falta de dinheiro ou liquidez. Depois, as justificativas vão-se acumulando: "Não sou suficientemente boa. Eu não mereço. Eu posso machucar alguém." A gente constrói essas narrativas, essas mentiras.

Mas e se optássemos pela escolha que leva a tudo o que desejamos, aquela que parece mais leve e verdadeira, em vez da mentira, que é mais pesada e densa?

Porque nesta realidade gravitamos em torno da mentira, da densidade e do peso? Criamos essas falsidades e damos-lhes vida, simplesmente para nos questionar por que às vezes sentimos a necessidade de nos isolar ou nutrir ressentimento em relação aos outros.

. . .

Falando por experiência própria, escrevi minha dissertação sobre um conceito chamado "Impressão da Alma". A impressão da nossa alma é semelhante à nossa impressão digital – uma marca única que cada um de nós possui. Todos nós carregamos uma essência distinta que estamos aqui para imprimir no tecido da realidade.

O que você faz é a sua contribuição única. Seja você um profissional de advocacia, enfermagem, facilitador, acupunturista, artista audiovisual, massoterapeuta, progenitor, investidor, professor ou policial – essa é a sua marca. Cada um de vocês possui algo único que vem sem esforço para você, algo que você ama. No entanto, por vários motivos, você pode deixar isso de lado e seguir um caminho diferente.

Abraçar a impressão da sua alma, se permitindo a encarnar a sua impressão plenamente, abre as portas para facilidade, dinheiro, alegria, realização, saúde, riqueza e uma vida cheia de diversão e possibilidades. Passar a ser o seu eu autêntico pode liberar a probabilidade de uma existência mais gratificante e próspera.

Portanto, vamos lá entrar no tema de receber, principalmente da energia que é dinheiro. Na minha própria infância cresci numa casa violenta e abusiva, onde fui empurrada para a pornografia infantil numa idade jovem. Essa experiência proporcionou uma visão acerca do abuso monetário e da frustração de trabalhar arduamente sem colher os frutos financeiros. Eu entendo o que é nutrir ressentimento em relação ao dinheiro, desconfiar das pessoas que estão à sua volta, incluindo familiares, instituições e organizações. Ter de estar de pé, de se vestir, tirar fotos, sorrir –não receber a devida compensação, mas algo inteiramente diferente, sombrio e escondido nos bastidores.

Agora, considere esta pergunta: Quem é você em relação ao dinheiro, à liquidez monetária?

O que descobri sobre as mentiras que contamos a nós mesmos sobre o dinheiro é que ele gira em torno de duas mentiras principais: *quem estamos sendo com dinheiro e o que estamos sendo com dinheiro*. A energia que emanamos desempenha um papel significativo e, dentro dessa energia, criamos uma certa realidade. Se trata de reconhecer o "quem" e o "quê".

Considere o seguinte: se você está sendo um "quem" e um "quê", o que você não está sendo? Você. No entanto, você pode rotular erroneamente esse estado como verdadeiro.

A energia presente neste momento é uma representação das mentiras que encarnamos. Estou abordando as mentiras, tanto reconhecidas quanto ocultas, vistas e invisíveis. Alguns de vocês podem não estar totalmente cientes do "quê" e do "quem", mas descobrir em quem você tem confiado para criar os seus fluxos de dinheiro pode inicialmente provocar frustração, simplesmente para ser seguido por profunda gratidão.

11

O QUEM, O QUÊ E OS PRECONCEITOS

Agora, vamos lá explorar a terceira mentira: os preconceitos que você se recusa a receber atrapalham a sua prosperidade financeira. Pode ser tentador descartar isso como avassalador, mergulhando no "quem", no "quê" e nos preconceitos. No entanto, se eu fosse encapsular a mentira do dinheiro, ela é composta por um "quem", um "quê" e um preconceito.

O seu valor não está associado ao seu patrimônio líquido.

Descobri repetidamente ao fazer os meus workshops que realmente está dentro de nós reconhecer as mentiras que escolhemos acreditar e atualizar. E é preciso desmascarar essas mentiras, se o quiser, para desmascarar tudo isso para que você possa ver o que é verdade.

São tantas as mentiras que as pessoas não estão dispostas a perder para poder escolher. Todos vocês sabem disso, mas eu vou contar isso de qualquer forma.

A ironia é como seres infinitos, o dinheiro e a liquidez monetária nos facultam liberdade, escolha e possibilidade. Portanto, por que, apesar dessa consciência, nos sujeitamos consistentemente ao estresse, às brigas e à falta de força, forçando escolhas entre necessidades como férias e aposentadoria? Logicamente, faz pouco sentido.

Agora, vamos lá explorar essas mentiras: quem você está sendo com o dinheiro? O que você está sendo com o dinheiro? Abordaremos os preconceitos separadamente. Entenda que a sua realidade financeira é moldada pelo "quem", pelo "quê" e pelos preconceitos que você se recusa a reconhecer. Você está pronto ou pronta para mudar isso apenas somente um grau?

Só um grauzinho.

Vamos ao quem. Vamos tirar as mentiras de você.

Você não sabia que estava indo para uma clínica de perda de peso, não é? Mas em vez de mexer com as suas entranhas, vai sair das suas entranhas.

Tenho de inventar umas piadas melhores. Primeiro, terei de abanar as minhas notas de cem para me refrescar. Vamos lá rir da fuga dissociativa dos fluxos de dinheiro que criamos.

Eu me lembro, por exemplo, do meu pai. Ele pegava uma pilha de notas de 200, umas cinquenta delas, e colocava no balcão da porta lateral da minha casa de infância para a minha mãe. Ele fazia isso toda semana às segundas antes de sair pela porta.

Quando eu era criança, eu pensava: "Caramba, que espetáculo."

Mas, a minha mãe... rufar de tambores, por favor... ficava mesmo brava com ele, mesmo furibunda. Parecia bom – cerca de 10.000 reais. Ele deixava as notas só para sair de lá o mais rapidamente possível, e a nutrir com dinheiro. Ela pegava nesse dinheiro e fazia a gente obter coisas. Alguma vez as pedimos? Nós realmente as queríamos?

Eu não, pois algumas dessas coisas eram 8 ou 10 daquelas bonecas-repolho estúpidas e aterradoras. Elas tinham papéis de adoção ou algo desse género. Era a grande loucura do início dos anos 80. Então, a minha mãe colocava as bonecas na prateleira superior do meu quarto, e eu entrava no meu quarto: "Oh meu Deus! O que é isso?" Pois precisávamos delas.

Depois, tênis e roupas para mim, para os meus irmãos – e tudo mais – e ele desaparecia. Tivemos imensas atividades diferentes. Mais uma vez, nunca pedi para ter nenhuma delas, fui obrigada a participar nelas.

Cheerleading, odiava. Ainda me lembro de fazer cheerleading. "S-U-C-C-E-S-S-O. É assim que soletramos sucesso", seja qual for a equipa. Eu odiava cada minuto disso, assim como odiava ficar de pé e ser modelo.

Para mim, o dinheiro tinha imensos significados diferentes. Significava abuso. Significava ressentimento. Significava sair. Significava fuga. Significava "Vá se F****". Significava: "Eu vou pegar você". Quanto mais ela gastava o dinheiro, mais ele tinha de dar dinheiro, e mais ele tinha de sair e trabalhar para ganhar dinheiro. E quanto mais ele saía e ia trabalhar para ganhar dinheiro – bem, como seria de esperar, ele tinha outra família que ele sustentava, que só descobrimos muitos anos depois. Era isso que ele estava fazendo.

Talvez eu também o fizesse, dado o que estava acontecendo lá.

Ela ia ficando cada vez mais ressentida, cada vez mais irritada, cada vez mais cara, e todo aquele ressentimento crescia entre os dois.

Então eles diziam: "Eu amo você" um para o outro.

Aqui estou eu, uma criança observando os dois. Isto ainda está no "quem", aliás – a primeira mentira do dinheiro. Tem muita coisa aí.

Então, eles chegavam e diziam: "Oh, eu amo você." "Eu também amo você."

E eu ficava olhando para eles como: "Há algo se passando pois é uma mentira, pois por baixo disso está a morte e destruição e picaretas de gelo e armas e catanas e foices e, e a Terceira Guerra Mundial."

Tive de escolher o que ia ser.

Como você escolhe quando é criança entre a sua mãe e o seu pai?

Escolhi o pior deles e o melhor deles como se faz aos 3, 4, 5, 10, 15 ou 20 anos.

Principalmente, eu odiava a minha mãe e tudo relacionado com dinheiro, do jeito que ela era. Eu a culpei durante anos. Eu o amava pois eu me sentava na cave com ele, trabalhava e cuidava do aluguel dos seus prédios de apartamentos. Ele era divertido; ela era má. Era nisso que a criança em mim acreditava.

Ele era um contador com mestrado em Negócios e Imóveis e, no início dos anos 80, o que estava a dar eram os apartamentos e as execuções hipotecárias em Nova York, Nova Jersey e por todo o Hudson. Ele pegava prédios com apartamentos para 20 famílias por uma ninharia pois estavam em execução hipotecária. Ele ganhou bilhões de dólares sem ter de investir bilhões de dólares.

O meu trabalho enquanto criança era estar sentada lá na cave com ele. Ele tinha a sua mesa. Eu tinha a minha mesa. Eu me senti imensamente profissional. E estava longe dela. A sério.

Eu era do tipo: "Sim, pai!"

Eu também estava aprendendo muitas outras coisas. Eu contava o dinheiro. Você se lembra daqueles livros verdes e lápis? Você se lembra daqueles lápis com borracha? Aquelas máquinas antigas de somar e mais o quê?

Literalmente, era tudo pago em dinheiro. Era um negócio todo em dinheiro. O meu trabalho era ver se os aluguéis estavam certos, contar e organizar o dinheiro. É por isso que eu ainda organizo o meu dinheiro até hoje. Dou-lhe crédito por isso. Você pode ver o amor nisso. As notas de cem ficam com as notas de cem. Está tudo em ordem. Não tenho problemas de controle. Eu não tenho TOC. Eu só gosto do meu dinheiro direitinho. Era o que eu fazia quando criança.

Pilhas e pilhas de dinheiro... Eu lambia o dinheiro. Amava o dinheiro.

Amava o seu cheiro. Amava o seu sabor.

Cheguei a trabalhar num banco durante o verão em que eu andava na faculdade porque amo o dinheiro. Eu adorava quando os veículos blindados passavam. Eu ia lá ter com eles e me divertia com todas as joias e dinheiro. Aprendi isso com ele.

Mas se tornou essa polarização acerca do dinheiro por causa do que eu pensava sobre a minha mãe, de que você ouviria até ao ano que vem se eu começasse a falar. Ela tem sido o meu melhor material para as minhas melhores piadas. Aprendi imenso com ela.

Eu tive de alinhar e concordar com ele enquanto resistia e reagia a ela, e isso criou todas essas mentiras diferentes em torno do dinheiro. Eu tinha de concordar com o que ele me estava dizendo de uma maneira, mas também com o que ela estava sendo para mim de outra maneira.

E quando você encarna uma realidade díspar, você não obtém nada para além de catástrofe e crise.

Agora, o "quê". O que você está sendo quando está sendo a comunidade – a sua mãe, o seu pai, o seu porto-seguro, o que você não compartilha – tudo o que discutimos.

O que você está sendo? De verdade.

O que você está sendo com o dinheiro quando está vivendo os "quem" Você está vivendo na "quemlândia", que é a "pobrelândia".

O que você está sendo? Você está sendo os pensamentos e sentimentos de todos os outros. E quando isso se concretizar, o que é isso?

É uma mentira. Não é a sua verdade.

Não é você.

Mas, literalmente, o que você está sendo quando está sendo uma mentira? Como é isso para você? O que você está sendo?

Cansada. Apertada. Esse é o "quê'"

Portanto, aqui você está sendo o "quem" – o seu pai, a sua mãe, a sua comunidade, o mundo, certo?

E agora você está sendo o "quê", que é escravidão, o "não posso, não vou".

Esse o "quê" é uma mentira. E o "quem" nem sequer é seu, mas você está tentando ser, e está vivendo. E depois, você fica nessa escravidão. Nessa constrição. doente. Crônica, cansada. O "Não importa o quanto eu me esforce... Fiz tanto... Tudo já deveria ter mudado agora. Gastei imenso dinheiro."

Sabe o que acontece quando você acredita? Você deixa o seu corpo para trás.

Então, todo o "quê" – essa energia de constrição – pela qual você arriscaria tudo e deixaria o seu corpo para trás precisa ser alterada para sempre.

Pois eu sei por mim mesma que, quando me coloco em primeiro lugar quando me comprometo comigo, estou colaborando com o universo, conspirando para ele me abençoar. Estou criando; eu me preocupo com todo o mundo, inclusive comigo.

Mas sou ainda mais inteligente, e sei que quando alguém me diz algo quer mudar ou está apenas mentindo para mim.

Se você optar por ajudar alguém sem o seu pedido explícito, há o risco de que essa pessoa desenvolva ressentimento em relação a você. E isso vai grudar em você como cola.

Portanto, todo o seu ódio, toda a sua projeção, toda a sua separação que você incorporou no seu corpo, criando o "quem" e o "quê" como a sua realidade financeira precisam ser consertados.

12

NOTAS REAIS VERSUS DINHEIRO

Você já pensou na diferença entre como o dinheiro faz você se sentir versus como as notas reais fazem você se sentir? Você já sentiu que um é mais denso que o outro?

Pode ser ao contrário para você, o que é certo é mais leve para você. Não há nada gravado na pedra.

Fiz um workshop – uma série de telechamadas – chamadas *Losing the Lack of Cash Flow* (Perdendo a Falta do Fluxo de Dinheiro). Passei oito semanas só com notas reais, mesmo sabendo que notas reais é o mesmo que dinheiro.

Mas há algo simplesmente diferente, e eu realmente não tenho uma resposta direta acerca disso. Posso dar o meu ponto de vista interessante.

Sei que tenho dinheiro no banco, dinheiro para a aposentadoria e dinheiro em investimentos. E eu sei que tenho notas reais. Mas as notas reais que eu gostaria de ter seria de uma forma diferente do meu dinheiro. Eu gosto de ter notas na minha carteira, embora nem todo o meu dinheiro caiba na minha carteira.

Quando estou viajando, o que faço imenso pelo mundo fora, gosto de ter notas e imensas delas. Eu gosto sempre de saber que, por exemplo, se estiver na Índia e me roubarem a minha identificação e se não poder voltar para os Estados Unidos, e eles não sabem quem você é você pois o seu celular não recebe o código que eles precisam enviar para você para dizer a eles que você é você e você não tem dinheiro e você não chega a lado nenhum com isso – essa é a energia que eu não quero ter.

E eu já estive nela imensas vezes, para além de ver a minha conta bancária a zero demasiadas vezes.

Portanto, eu gosto de ter dinheiro, e eu gosto de ter dinheiro em notas. Gosto de me divertir com os dois. Esse é o meu ponto de vista interessante. E até pode haver muitas mentiras associadas a isso. Isso me lembra duma interação no meu workshop com uma participante. Quando eu estava descrevendo as minhas opiniões acerca das notas e o dinheiro, ela respondeu com a sua própria curiosidade.

Ela disse: "Portanto, isso é bom. Obrigado pelo esclarecimento pois a minha perspectiva é outra. Bem, para mim o dinheiro é mais confortável e seguro pois é quase intangível. As notas são tangível e, talvez por ter crescido onde eu cresci, ter essa quantidade de notas chamava demasiada atenção e uma pessoa podia ser roubada ou algo do género. Ir ao banco e receber uma quantidade enorme de notas era muito assustador."

"Onde você cresceu?"

"Na Venezuela."

"Sim, conheço bem. A Venezuela, o país de dois conjuntos de livros. Um que você mostra e outro que ninguém conhece."

"Portanto, posto isso, eu me pergunto se há alguma mentira por trás disso, pois estou confortável com o dinheiro, mas no que toca às notas..."

"HÁ uma mentira. Você acabou de dizer: "Se eu levantasse as notas, elas seriam roubadas. Elas seriam roubadas de você. Portanto, está ali mesmo o "quem". Essa é a mentira."

Ela vivia na mentira de que as notas são sempre roubadas. E isso deve ter criado imensos problemas para ela, como se pode imaginar.

Digamos que a mentira é o centro de uma roda, e você acredita nela.

Você tem de ter os raios da roda para manter essa mentira no seu sítio. E você tem de colocar um aro à volta deles para manter essa roda no sítio e depois a borracha à sua volta, e você tem de fazer isso novamente do outro lado.

Você está tão firmemente agarrado ou agarrada ao seu ponto de vista fixo que não consegue pensar em nada além de lhe roubarem as suas notas. Então, em vez de você estar dizendo "Vem dinheiro, vem dinheiro, vem dinheiro", é como se estivesse dizendo "Me rouba, me rouba, me rouba, por favor. Me rouba, me rouba, me rouba."

É como: "Peça e receberá". O universo conspira para abençoar você. Não há nenhuma discriminação entre o que você pede e o que ele lhe dá. Ele dá exatamente o que você está pedindo.

Se você acredita que alguém vai mentir para você, você vai atrair essa mentira. Se você acredita que alguém vai roubar de você, você vai atrair esse larápio. Se você acredita que precisa ajudar alguém e você lhe pode proporcionar uma vida melhor do que essa pessoa pode proporcionar para si, você terá as suas coisas roubadas ou protegidas por direitos autorais, o que quer que seja.

São todas posições fixas. Que limitam o seu potencial.

13

——

PRECONCEITOS

Quando fui curada de uma doença potencialmente fatal através da cura energética e Theta Healing™ – eu tinha tanto medo de que os conselhos de licenciamento me ligassem e me tirassem a minha licença pois eu colocava as minhas mãos nas pessoas. Esse é um grande preconceito. Você já passou por um preconceito como esse? Já passei por alguns deles. Não é divertido. Portanto, encontre preconceitos como esse.

Pegue nessa energia, onde quer que você a tenha experienciado seja que situação tenha sido na sua vida e perceba onde você a sente no seu corpo. Agora, por apenas um momento, expanda a sua energia do espaço um milhão de quilômetros, para cima, para baixo, para a esquerda, para a direita, para frente e para trás, ainda tentando perceber se esse preconceito atingiu você na sua cabeça ou no seu corpo.

Seja o que for – o seu maior medo, a sua maior preocupação – e onde quer que esteja – respire a energia que está à sua frente, nas suas costas, à sua direita, à sua esquerda, aos seus pés, na sua cabeça.

Agora fique tão grande quanto a terra.

E cada vez maior, ainda tentando perceber esse preconceito.

Agora, retire esse preconceito – "Eu sou tantã, você é tantã, você é babaca, você não deveria estar fazendo o que você está fazendo, você não merece esta licença, essa licença, você é simplesmente narcisista, você só quer meu dinheiro, você está só. Você deve levar com uma bala, ser assassinada, mutilada, torturada, esventrada (isso pertence ao passado) – seja o que for, retire tudo isso de você.

Agora dê a volta a essa molécula, onde quer que você se aperceba dessa energia no seu corpo, se ela ainda estiver lá. Devolva esse preconceito ao remetente de forma consciente e me diga em que você reparou.

O seu corpo está mais leve, mais expansivo ou mais denso e constrangido?

Número um, você não está preso ou presa ao preconceito. Número dois, você pegou no preconceito e o expandiu como espaço. Quando o preconceito e a densidade são atingidos com o espaço, a densidade diminui e o espaço prevalece.

A maior parte de nós se constrange, defende e faz algo típico, que é algo duma sociedade litigiosa. Vamos a um advogado. Certo? Constranger e defender.

Em vez de o fazer com preconceito, que é algo intrínseco que fazemos, que nós o explodamos expandindo-o como espaço, retirando-o de você, perguntando ao seu corpo o que está além dele e criando espaço, o que lhe dá mais opções, mais escolhas, mais possibilidades, para que você não esteja mais preso ou presa ao bebê de alcatrão de outra pessoa.

Faça o que eu disse ou siga as minhas orientações, pois isso abrirá o espaço para sair da mentira do "quem" e do "quê" em que você se está transformando, em vez da realidade financeira que é verdadeira para você.

Quando você escolhe e tem a possibilidade e criação e geração, você está gerando valor.

Portanto, todos os julgamentos que você tem medo de receber, você receberia um pouco mais deles para que você pudesse receber a prosperidade financeira e abundância que é verdadeiramente sua?

Então, se você se apegar aos preconceitos, você limita a quantidade de dinheiro que você pode ter, e você limita a quantidade de dinheiro que você pode receber das pessoas. Isso é estranho, portanto, isso é outra mentira.

A mentira é que se você bloquear os preconceitos, estará livre.

Mas o que estou dizendo é que, se você receber os preconceitos financeiramente, você terá mais dinheiro, mais dinheiro e mais opções.

E o que seria necessário para criar cem milhões todos os dias? Por que escolhi cem milhões? Por que há tantos preconceitos em relação a ele e também há tantas formas que você não pode nem mesmo colocar em qualquer forma, estrutura ou significado em torno dele. Quando a densidade encontra o espaço, a densidade se dissipa. Quando o espaço encontra a densidade, o espaço prevalece. Quando prevalece o espaço, há escolha, possibilidade, contribuição. Cha-ching, cha-ching, cha-ching.

Vem dinheiro, vem dinheiro, vem dinheiro, vem dinheiro.

Diga comigo: "Vem dinheiro, vem dinheiro, vem dinheiro" e sinta como é para você.

Aqui está a sua tarefa:

Pergunte: "Qual é a minha realidade financeira?" Anote e cole a pergunta no seu espelho ou coloque no seu bloco de notas ou faça a pergunta no seu gravador de áudio.

Se você está num "quem" ou num "quê" ou se recusa a ver os preconceitos, então, pergunte: "O que isso vai criar?" É a mesma pergunta, mas duas perspectivas diferentes.

Você quer renovar a energia, o espaço e a consciência da sua realidade financeira e quer limpar a conscientização do "quem", do "quê" e da recusa em receber os preconceitos, para que você possa receber a sua realidade financeira.

"Portanto, o que posso ser ou fazer hoje para receber minha realidade financeira imediatamente?"

Você se deve colocar em primeiro lugar. Escolher se comprometer com você. Escolher colaborar com o universo, que está conspirando para o ou a abençoar e escolher criar.

Então, novamente, as perguntas são:

O que é que isso vai criar? Quem estou sendo?

O que estou sendo?

Que mentiras estou acreditando?

Se faz parte da sua realidade financeira, então receba os preconceitos e continue se colocando em primeiro lugar, criando para você, colaborando com o universo que está conspirando para o ou a abençoar e, depois, se comprometa com o que você sabe que é verdade.

Não se esqueça, você é um ser infinito que pode criar infinitas possibilidades.

Nunca se limite. Nunca se contraia. Nunca se enclausure. Nunca se destrua.

E saia por aí fazendo tudo o que ama a partir da sua realidade financeira autêntica.

14

─────

MAIS LEVE, MAIS CORRETO E COM MAIS ESPAÇO

Eu quero que você reserve um momento para observe o seu corpo e a sua mente – o que você está percepcionando e sentindo, pois após o final deste capítulo, você pode estar diferente, com mais espaço.

Me deixe compartilhar uma pequena história consigo primeiro; é algo divertido que eu faço nos meus workshops. Muitas vezes, durante os meus workshops acerca de dinheiro e liberdade financeira, eu trazia um maço de notas no início da aula... porque, bem, era divertido. E acontece que eu realmente estava obcecada com notas grandes. A gente põe muita energia nesse pequeno pedaço de papel, certo? Além disso, é muito legal ter um clipe de ouro de 14 quilates para as manter todas juntas.

Digo isso porque traz à tona muitas projeções, preconceitos, medos, desejos e raiva. E é isso que eu faço da
minha vida – falo acerca de todas essas questões de
algo desse género.

Portanto, primeiro eu traria esse maço de notas, de
propósito. Eu fazia as pessoas olharem para a realidade
do dinheiro, o que ele era fisicamente. E quero que
vocês, os meus leitores, façam o mesmo.

Quantos de vocês, incluindo eu, se puseram de joelhos,
se mutilaram e se grampearam para tentar ganhar
algumas notas, ou até mesmo para ganhar uma
notinha pequena?

É por isso que precisamos descobrir as mentiras do
dinheiro, por causa do quanto nos esticamos para pôr
as nossas mãos nele. Pelo menos, merecemos saber a
sua verdade.

Descobrir mentiras enraizadas pode ser imensamente
poderoso. Quando comecei a aprender que poderia
curar doenças potencialmente fatais sem medicamentos, hospitalizações, anestesia ou ajuda de qualquer
outra pessoa que não fosse eu e a minha escolha,
decidi que, como coach, terapeuta e Doutorada em
Psicologia, que os meus clientes precisavam saber
disso.

Eu estava nervosa por trilhar esse caminho, mas não me importava pois eu tinha uma doença. Eu estava no sofá e não conseguia sair dele. Eu estava sofrendo.

Perdi o meu negócio, o meu consultório, a minha aposentadoria, as minhas poupanças, a minha casa - perdi tudo dum certo ponto de vista.

Algum de vocês já chegou a esse ponto onde você já não tem nada? Não desejo isso a ninguém, mas essa é a verdadeira história.

Houve um momento na minha vida em que eu não tinha nada além dum zero olhando para mim. Não tinha a quem recorrer, não havia ninguém a quem eu pudesse pedir dinheiro emprestado, não me restava nada, e eu tinha que tomar uma decisão de que, não importava o que acontecesse, eu mudaria o que quer que fosse que não me deixava ter dinheiro, que me impedisse de ter dinheiro.

E o que eu descobri foi que não tinha nada a ver com algo externo a mim.

Tinha tudo a ver com o que estava dentro de mim e com o que eram os meus sistemas de crenças.

O que são essas mentiras do dinheiro que dizem: "Deve haver algo errado comigo para eu não conseguir obter o que todo mundo consegue!?"

Bem, a verdade é que não há nada de errado com você. É apenas uma escolha.

O havia em mim para não poder ter dinheiro? Quer dizer, ganhei muito dinheiro. Tenho imensos diplomas, educação e formação. Sempre consegui trabalhar. Comecei distribuindo jornais desde os 8 anos e trabalhei na Dunkin' Donuts fazendo donuts aos 14.

Sempre tive dinheiro e trabalhei, mas a minha relação com o dinheiro nunca foi fácil.

Sempre ganhei cada centavo que gastei. Se eu não trabalhava, eu não ganhava dinheiro. Aprendi isso muito cedo com o meu pai, e estou agradecida por isso, embora, mais tarde, também me tenha causado alguns problemas.

Quando ele morreu, eu estava no exterior, na Austrália. Eu nem sabia que ele estava doente ou me tinha deixado como executora do seu testamento. Eu não tinha nenhum plano de apoio, e isso foi depois da minha doença potencialmente fatal.

No meu primeiro momento com o zero, estava parada num posto de gasolina, sem saber como ia pagar a gasolina, e eu era uma pessoa profissionalmente licenciada, educada, foi um sapo difícil de engolir. Eu literalmente baixei os olhos, tentando descobrir o que diabos eu iria fazer. Nunca me tinha acontecido isso.

O que estou falando pode ser meio extremo para alguns de vocês, pois vocês não passaram por essa experiência.

Eu entendo. Mas eu digo sempre aos profissionais com quem trabalho que você só pode ensinar e promover algo por que você tenha realmente passado.

O dinheiro é algo com que tenho lutado – e algo em que tenho tido muito sucesso. E é algo que ainda estou desenvolvendo, pois ainda não tenho todos os meus problemas financeiros resolvidos, mas, sou a favor do progresso e não da perfeição.

A minha vida não está cem por cento estabelecida do jeito que eu gostaria de que estivesse estabelecida, mas eu posso dizer o seguinte: eu vou chegar lá não importa o que aconteça – não importa o que seja preciso, não importa o que eu tenha de perder, não importa o que eu tenha de fechar, não importa o que eu tenha de cortar, não importa para onde tenha de ir, não importa o que eu tenha de fazer, não importa qual parte do mundo me chame.

Vou escolher o que é leve e certo e o que funciona melhor para mim financeiramente, emocionalmente, espiritualmente e fisicamente.

É assim que o dinheiro chega até mim, com verdade e leveza.

O dinheiro vem para uma festa divertida. O dinheiro vem para o que é leve e certo para você. O dinheiro vem quando você está sendo fiel a você. O dinheiro vem quando você é autêntico ou autêntica. O dinheiro vem quando você está feliz.

Nunca gostei de ouvir as pessoas que dizem que têm tudo sob controle. Eu não confio quando elas têm tudo sob controle e sabem tudo, ou fizeram isto e aquilo. Simplesmente, não confio. Confio em quem tem uma história autêntica e genuína.

Todos nós temos coisas. Todos nós temos bagagem.

Existem todas essas áreas da sua vida – física, mental, emocional, espiritual, psicológica, psicossomática, psicoenergética, psíquica, relacional. Há sempre quatro ou cinco áreas que funcionam bem para você, e depois uma ou duas ou três que não.

Para mim, e para muitos dos clientes com quem trabalhei, as áreas com as quais mais tivemos dificuldade são o dinheiro, o corpo, a saúde e os relacionamentos.

Conheço os meus esqueletos e sei os que estão no meu armário – os abusos que sofri – e falo todos os dias para 205.000 ouvintes por semana no meu programa *Voice of America* sobre ultrapassar o abuso, abuso financeiro, abuso sexual, limitações e restrições e chamei a isso vivacidade radical, que significa se colocar em primeiro lugar, se comprometer com você, colaborar com o universo que está conspirando para o ou a abençoar e depois criar.

Hoje, não tenha nada escondido em nenhum lugar nem debaixo de nenhum tapete. Não tenho medo de nada. Eu posso enfrentar seja o que for. Perdi tudo. Ganhei tudo. Eu me mudei. Deixei de exercer a minha profissão. Deixei de lado um negócio. Criei um de novo. Fechei as portas de novo. Criei um de novo.

Já escrevi livros. Publiquei livros. Não publiquei livros.

Eu continuo escolhendo o que é leve e certo para mim, não importa os meus traumas, não importa as tragédias que aconteçam e não importa a história que tenho.

Você estaria disposto ou disposta a abrir mão dum pouco da sua tragédia, trauma e história que se traduz em não ter tudo o que você deseja relacionado com dinheiro e enquanto você pode não ter tudo o que deseja com o seu corpo, seus relacionamentos e seus negócios? Talvez apenas uma mudança de um grau?

Ainda temos o resto do mundo para conversar, e se você quer ter uma profissão e fazer com que as pessoas venham até você, você não as pode alienar com uma linguagem que elas não compreendem, certo?

Uma mudança de um grau é o meu caminho, portanto, abrange todo o mundo – todos podem fazer uma escolha.

Não importa o que você faça, eu não vos conheço a todos vós. Acredito que vocês são de alguma forma curandeiros – praticantes, aspirantes educados.

Eu tenho a verdadeira sensação profunda de que cada um e uma de vós tem o seu próprio ROAR – a atualização física do seu próprio tsunami, vulcão, terremoto – essas vidas dentro de vocês e que, ao viver a sua autenticidade, mudam o mundo.

Portanto, o que tudo isso tem a ver com dinheiro? Tem a ver isso: verdade, leve ou pesada.

A leveza é de certa forma borbulhante e expansiva, como um excelente champanhe. Você sabe que as bolhas são boas no topo.

A densidade, o peso, é como engatinhar em cima duma bola. Talvez você sinta isso nas suas entranhas. É restrito. É uma limitação. Você fica um pouco cansado ou cansado ou dá um grande bocejo.

Portanto, aqui está a minha pergunta para você, e depois você decide como ela faz você se sentir, a Verdade, de Forma Leve ou Pesada.

Você está vivendo a sua realidade financeira? De verdade? De forma leve ou pesada?

Se sim, você tem tudo o que você deseja? De verdade? De forma leve ou pesada? Não há respostas certas ou erradas.

Vou agora repetir as três questões centrais que compõem a essência deste livro. Você pode usá-las o tempo todo quando se trata de dinheiro. Anote as questões:

1. *Quem você está sendo?*
2. *O que você está sendo?*
3. *Que mentira você está acreditando?*

Então, "Quem você está sendo, o que você está sendo e que mentira você está acreditando?"

Muito simples...

Agora, isso pode não parecer estar relacionado com o dinheiro, numerário ou algo do género, mas posso dizer que, esta noite, você começará a ver algo – que o que você pensava ser a sua realidade financeira não é, e a energia que você coloca na sua realidade financeira não é verdadeira. E você vai expor a mentira que você tornou verdadeira, mas que não é.

Você vai começar a tirar as palas, a camuflagem, a fantasia que você vem usando na sua conta bancária, nos seus negócios, nas suas relações sexuais, no seu relacionamento, na sua parentalidade, na sua relação com os seus animais, na sua relação com os seus carros, na sua relação com a Terra.

E quando você começa a revelar a sua camuflagem, então você começa a descobrir o que se passa.

É aí que começa ROAR, aquela descoberta física estrondosa, aquele terremoto, tsunami, vulcão – que é única e exclusivamente você.

É aí que a providência também se move e as coisas começam a surgir no seu caminho.

Não são os anjos do estacionamento que lhe dão as vagas de estacionamento, meus amigos.

É você se esforçando para ser mais você.

Por exemplo, uma vez, após um aviso prévio de 90 dias, eu demiti todos os meus funcionários. Todas as pessoas. Foi o maior risco que eu já corri para me colocar em primeiro lugar em termos da minha atividade – pois eu estava sendo algo que, na minha atividade, não estava funcionando. Tentar fazer com que as pessoas trabalhassem para mim não estava funcionando.

Havia uma energia que eu estava sendo – era como o jogo do telefone. Eu dizia: "Façam a tarefa A", e ela se tornava em algo em chinês, russo e espanhol, e quando voltavam para mim, eles diziam: "Está aqui, eu fiz isso", e eu afirmava, "Mas não foi exatamente isso que eu pedi."

É uma espécie de exemplo extremo, mas é a melhor forma que eu consigo explicar.

E então havia essa outra energia em torno da mentira do jeito que eu tinha que ganhar dinheiro, que era me matar trabalhando. Repare o que eu disse acerca do meu pai desde o início: trabalhe arduamente e sem parar.

Fazer isso em 90 dias não era um ciclo de excesso e purga. Era algo com um timing muito pragmático. Eu diria: "Estamos chegando perto de 30 dias; aqui está o que devemos atingir. Aqui está o alvo. Vamos fazer isso, ba da da da". Era muito clara o tempo todo, mas devo dizer a vocês, estava borrada de medo.

Absolutamente e totalmente vulnerável.

Um ex-mentor me perguntou: "Quanto está custando a

você manter essa gente? Quanto está custando a você manter a sua equipe?"

"A minha saúde, os meus cabelos grisalhos. Estou ficando cada vez com mais."

Então eu disse: "Eu realmente quero trabalhar com essa outra empresa de marketing que eu acho que pode me levar onde eu realmente quero e o que eu realmente quero estar fazendo com os livros, o programa de certificação e tudo isso para retirar o trauma deste planeta."

Estou compartilhando isso com vocês pois estou vivendo isso. Me recuso a viver da mentira do dinheiro e me recuso a ser escrava do dinheiro. Me recusei a ser escrava do abuso, tal como me recuso a ser escrava de algo que não seja leve e certa e faça parte da minha ROAR (Realidade Orgasmicamente Animada Radicalmente).

Portanto, vocês gostariam de se juntar a mim nisso? E deixe de lado tudo o que impede que você viva mais, saiba mais, seja mais, receba mais e perceba quem você realmente é além dessa realidade e a traga para essa realidade.

Me deixe mostrar como tudo funciona compartilhando uma interação de um dos meus workshops. Estávamos discutindo As Mentiras do Dinheiro, e eu conseguia sentir a energia na sala mudando. "Reparém... está ficando mais pesado e denso aqui dentro ou mais leve e livre?" Perguntei. Os participantes foram unânimes: "Mais leve."

Fiquei encorajada, e perguntei: "Vocês têm algo que gostariam de perguntar?"

Uma participante hesitou antes de o fazer. "Poxa, tanto. Mas, vamos começar pelo meu trabalho. Estou ganhando um salário por hora, e eu gostaria de ter um emprego com um grande salário e, em última análise, a minha própria empresa. Eu só me sinto muito, muito furibunda por estar aqui quando sei que posso estar lá."

"Então, quem você está sendo quando está aqui?" Perguntei, curiosa sobre a energia que ela estava encarnando.

"A minha mãe", admitiu com um sentimento de frustração.

"E o que você ama em ser a sua mãe no seu trabalho? Em que você gosta de trabalhar todos os dias? Tirando as suas pausas no trabalho com a sua mãe", sondei, querendo que ela explorasse a dinâmica subjacente.

"É um saco", respondeu ela, com o seu descontentamento evidente.

Depois, expandi a questão, envolvendo outras pessoas. "E quantos de vocês estão fazendo a mesma coisa com as suas mães? Portanto, quem vocês estão sendo, as vossas mães? O que vocês amam em ser as vossas mães?"

"É seguro", brincou outro participante.

"Muito bem. Então, me diga o que é realmente seguro em ter de carregar a sua mãe por todo o lado, comer por ela, pensar com ela, fazer as suas escolhas acerca dos seus negócios com ela quando você quer estar ali, mas você está ficando aqui. De verdade. Qual é a mentira que você está vivendo?"

"Eu não sou boa o suficiente até ter isso", confessou a participante, expondo uma crença profundamente arraigada.

"Você não é boa o suficiente para ter o que ela quer. Você não é boa o suficiente para ter o que quer. Verdade. Alguém mais quer abrir mão de um por cento de – eu não sou suficientemente bom ou boa para ter o que quero?" Pedi, convidando outras pessoas a refletir.

"Então, o que você ama em não ser suficientemente boa para ter o que quer?" Continuei.

"Não tenho de me expor", admitiu.

"E se você se consegue esconder e não se expõe, qual é a melhor parte disso enquanto você e a sua mãe ficam atrás da sua secretária e você ganha o seu salário, o seu salário à hora? E você nunca consegue estar onde quer estar?"

"Você se consegue- esconder", reconheceu ela.

"Eu sei", empatizei. Sentindo o peso emocional que ela carregava.

Tudo o que estou fazendo é me conectar com a energia dela, e as palavras estão vindo desse lugar. Eu consigo sentir a constrição no seu peito, e ela está meio que cedendo. "Mas é isso que fazemos", acrescentou, reconhecendo os padrões familiares. "Você está tomando uma decisão sobre não ter o que quer, escolhendo ficar associada ao que sua mãe é. Você acha que isso vai afetar o seu fluxo de dinheiro?"

"Sim", respondeu ela, reconhecendo o impacto.

"Energeticamente? A sua mãe gostava de dinheiro?"

"Não."

"A sua mãe gostava do seu trabalho?"

"Não."

"Ela ficou no trabalho dela quando não queria estar no trabalho dela?"

"Ela podia já estar aposentada agora, mas não está", compartilhou a participante.

"Então, ela ficou no seu trabalho quando não queria ficar no seu trabalho?"

"Sim."

"Exatamente. Você está no seu trabalho quando não quer estar no seu trabalho?"

"Sim", admitiu, reconhecendo as semelhanças.

"Agora, por favor, a menos que seja leve e certo para você, não saia daqui e deixe o seu emprego se você não tiver outra coisa para fazer, pois acho que uma pessoa também tem de ser pragmática." Alertei, entendendo as complexidades das decisões do mundo real.

Eu disse: "O seu trabalho está a lhe dar dinheiro, mas a sua atividade e a sua ROAR é onde você realmente quer estar – e isso lhe trará tudo, inclusive dinheiro. A maior parte de nós escolhe ficar por causa do dinheiro, e negligenciamos o nosso ser ao escolher o que você está escolhendo."

Essa pessoa magnífica estava escolhendo uma realidade financeira que não era dela. Alguns de vocês não querem deixar as suas mães. Havia um filme chamado Jogue a Mamãe do Trem. Assista ao filme.

Fiz um workshop na Califórnia durante 15 anos chamado *LEAP* que significava *Life Empowerment Action Program* - Programa de Ação de Empoderamento da Vida. Um dia, pegamos num grande pedaço de papel branco, e um dos meus assistentes pôs dinheiro nele. Fiz com que todos pegassem uma caneta preta e disse: "Anotem todas as vossas projeções acerca de dinheiro – todos os vossos ódios, todos os vossos preconceitos."

Pensei que seriam talvez três.

Oh meu Deus, eu deixei sequer de conseguir ver o dinheiro.

Havia as frases mais horríveis que já vi escritas – e cresci vivendo num ambiente com imensos berros e cáustico.

Por exemplo: *"Você tem de vender a sua alma ao diabo para conseguir subir na vida."*

Agora, essa é uma maneira segura de fazer você se afastar do dinheiro. Mas nós escolhemos isso o tempo todo secretamente.

Tinha coisas lá que eu não posso repetir aqui pois eram horríveis. Mas você já sabe – os preconceitos, as projeções, as dissociações, as expectativas, os ressentimentos, as rejeições e os arrependimentos relacionados com o dinheiro eram extraordinários.

E eu pensei comigo mesma naquele momento que não era à toa que eles não tinham o suficiente, que eles tinham de trabalhar arduamente e por mais que tentassem, nunca deixavam de ter dívidas, estavam sempre endividados.

Não era à toa que conseguiam ganhar dinheiro, mas nunca o conseguiam ter, poupar ou gastar, que nunca iam de férias para algum lado, e que tinham de ter três empregos ou de se casar com outra pessoa para lhes dar dinheiro pois não podiam viver sozinhos, ou tinham de pedir dinheiro emprestado e continuar pedindo dinheiro emprestado à sua família ou a cartões de crédito ou a instituições e entrar em falência repetidamente.

Você tem de tirar a mamãe e o papai e toda a cultura, o Vaticano e qualquer outra igreja em que você acredita do seu corpo para que você se possa escutar.

Essa é a pergunta "Quem estou sendo?". Agora, o "que" você está sendo?

Quando você está sendo a sua mãe, o dinheiro é a raiz de todos os males, mas o "que" você está sendo? Você está reprimido, está assustado, paralisado, constrangido, preso às mentiras que você tornou verdadeiras.

Então, se concentre no espaço onde parece leve ou pesado, pois quando o espaço encontra densidade, a densidade se dissipa. Quando o seu corpo sentir um pouco mais de espaço, mesmo que haja densidade ali, se foque no espaço.

A maior parte de nós se foca na densidade, e a densidade é a mentira.

Não se pode mudar uma mentira. Você só pode mudar o espaço e a verdade.

O espaço, a verdade, é a leveza dentro de você, portanto, se concentre nas moléculas do espaço dentro de você e peça a essas moléculas que continuem girando e girando e girando até que mais de você entre dentro de você.

Basta ver como você faz uma mudança de um grau. Essa é uma mudança de um grau ali mesmo para conseguir espaço dessa forma. Isso é um sucesso.

15

COBRAR PELO QUE FAZ

Colaborar com o universo conspirando para o ou a abençoar é saber que o universo apoia você, mas você não sabe realmente que o universo apoia você até que você se apoie a si.

Quantas pessoas já tentaram dizer que apoiam você e você fica tipo, "De jeito nenhum. Vá embora."

É porque você não sabe o que é se apoiar a si. Nenhum de nós o realmente faz até nos começarmos a colocarmos em primeiro lugar, e nos comprometendo conosco.

A única forma que eu sabia existir no mundo era se alguém me estivesse ferrando, literal e figurativamente. Foi preciso imenso trabalho para desfazer esse preconceito e me reprogramar, e disseminar que existem pessoas boas no mundo que não estão querendo me ferrar.

O mais difícil foi disseminar que existem pessoas no mundo que não se importam comigo e que passariam por cima de mim.

É preciso ter atenção a tudo.

Não sei por quê, mas há pessoas que não gostam de mim. Você não sabe que tem gente que não gosta de si? E que há pessoas que você não gosta à primeira vista, mas você não faz ideia por quê?

É como o que o meu sobrinho pequeno disse quando a sua mãe o tentou colocar no elefante no circo quando ele tinha quatro anos de idade: "Não é para mim, mamãe. Não é para mim."

Tive de aprender a cuidar de mim e mudar isso. Um ex-mentor sempre me disse: "Com tudo o que você passou, e os abusos que você viveu – escolhidos e vividos – como é que você é tão gentil e realmente se importa com as pessoas, e você está investindo na mudança, crescimento e transformação dessas pessoas, assim como a sua?"

Pensei: "Não faço ideia. Não é todo mundo assim?"

Foi aí que comecei a ver que de fato há algo em que eu sou diferente. Agora, não estou dizendo que não há nenhuma diferença em cada um de vocês. E é disso que se trata a Impressão da Alma.

A nossa impressão da alma é a nossa própria impressão digital única, o caráter e os contornos únicos da nossa alma, a nossa ROAR. Se tivéssemos de ter um emprego, um alvo, ou o que quer que você queira chamar, essa intenção é soltar aquela ROAR, a marca da sua alma nos lábios desta realidade.

A minha ROAR é o que faço com as minhas aulas, prática, escrita, o programa de rádio e a remoção do trauma deste planeta, ultrapassando a jaula do abuso, da limitação e da constrição para uma vivacidade radical. É isso que eu quero. Falo acerca disso todos os dias. Escrevo acerca disso todos os dias. Eu não sei como diabos eu tive mais de 100 programas no *Voice of America* acerca desse tema, pois pensei que já seria entediante agora, mas os programas continuam sendo criados.

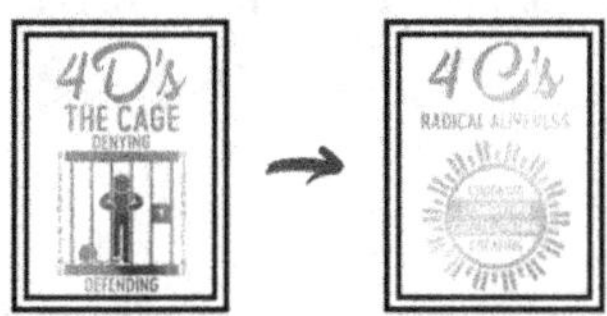

Tanta a gente liga para o programa de rádio para ser ajudada. Recentemente, tive uma senhora que ligou da

Arábia Saudita, e ela teve de falar debaixo de uma mesa no Skype pois se fosse descoberta fazendo perguntas acerca disso, ela seria morta. Estou mantendo esse programa no ar para que outra pessoa como ela que pode nunca ter a chance de falar o que é verdade para ela, exceto por aquele momento de espaço na Arábia Saudita. Essa é a minha impressão de alma.

Não sei o que vocês vão fazer, mas algo vai mudar. As pessoas e coisas em que você investe ou se envolve – os seus filhos, a sua família, os seus fluxos de dinheiro – vão mudar pois você vai olhar para eles de forma diferente. Quando você vê essa conta cair e você tem aquela sensação familiar no seu corpo, talvez você diga: "Quem estou sendo agora?"

O que quer que seja que mude a energia, ela acorda você e diz: "Ok, se eu estou sendo isso agora, como isso me faz sentir?"

"Bem, isso me faz sentir muito horrível, com imensa ansiedade. O que posso escolher que seja mais leve e certo para mim?"

Pegue no telefone e ligue para alguém, faça uma sessão de terapia ou seja o que for. Venda um condomínio ou uma casa. Seja lá o que for – faça isso, você tem dinheiro.

"O que estou sendo quando esse sentimento familiar e a minha conta bancária diminui?"

"O que estou sendo agora?"

Normalmente, você está sendo idiota. Você geralmente está assustado ou assustada, assoberbado ou assoberbada, paralisado ou paralisada, denso ou densa.

"Ok, como isso está ajudando o que estou criando? Isso está destruindo as minhas criações ou ajudando a criar as minhas criações?"

Se não ajuda a criar as suas criações, então, faça uma escolha diferente e faça o que for preciso: sair de casa, passear, fazer escalada, subir a um cavalo, subir a outra coisa.

O que quer que você tenha de fazer. É para fazer, não para pensar. Se trata de fazer a partir dum espaço de perceber e receber. Portanto, a melhor pergunta que você poderia fazer é: "Ok, isso está acontecendo. Que mentira estou acreditando agora que assumi ser verdadeira?"

E quando tiver a resposta, se for pesada, não acredite. É mentira pois não se pode mudar uma mentira. Não dá para mudar o peso. Você só pode mudar fazendo o que é leve e certo para você.

Faça sempre o que é certo para você. A leveza gera leveza.

Eu irei ajudar você. Posso assegurar que você tem bastante conhecimento e muito brilhantismo para oferecer às pessoas. E eu estou dizendo que você pode cobrar por isso.

Cobre por isso.

E eu garanto que você pode criar algo com as suas mãos que ninguém mais pode. E eu digo, use esse dinheiro do seu brilhantismo para criar mais brilhantismo para vender mais brilhantismo seu, para o mundo fique cada vez mais brilhante. Cada vez que flui, cria mais. Pois você está se preparando para a sua ROAR, e você sendo você faz isso.

Quando alguém vem até mim e abre a porta de um grau, eu posso ir com tudo. Posso resgatar o melhor dessa pessoa. Sou a filha do meio. Eu sei como ultrapassar algo. Eu sobrevivi imenso. Eu aguento imenso, portanto, me apresente algo, sem problemas. Mas eu tive de aprender a obter a minha energia de volta, expandir o meu espaço, usar os meus dois ouvidos, e quando alguém entra para fazer trabalho individual, eu digo: "Tudo bem, quando você sair daqui o que você quer deixar aqui, só por hoje?" Eles costumam dizer: "Não sei".

"Bem, é você que me está pagando. O que você quer fazer?"

E eu faço com que se manifestem e digam o que gostariam de fazer para que a gente possa ir para aquele espaço que os empodera a continuar fazendo mais escolhas, que é a leveza.

O que é mais importante para você fazer é fazer o que você ama, fazer o que é fácil para você, ser pago ou paga por o fazer e depois continuar criando – pois isso é que é uma vivacidade radical.

Quando não estamos vivendo essa vivacidade, estamos mortos.

E eu não sei a sua opinião, mas estar morto ou morta não me parece ser lá muito divertido.

Observe o quão pouco estamos falando de dinheiro neste capítulo, pois não é essa a questão. O problema do dinheiro que temos não tem nada a ver com dinheiro. Tem a ver com as mentiras que acreditamos serem verdadeiras.

No entanto, quando você está falando especificamente acerca de dinheiro e você fica constrangido ou constrangida, o que você está tentando criar, quem você está sendo?

"O que estou sendo quando estou escolhendo a minha mãe e o meu pai?"

"Em que mentira estou acreditando que seja verdadeira, e que me faz escolher contra mim? Agora eu sei que é a da minha mãe e do meu pai e não a minha."

Essas são as questões mais fáceis em que eu posso guiar você. Isso abrirá espaço para escolher uma possibilidade diferente.

A questão é: você estaria disposto ou disposta a fazer isso por você? Mudar mais um grau?

Esse negócio do dinheiro é complicado.

Há uma epidemia de abuso nessa realidade; é a norma dessa realidade – o desconforto em sermos nós.

As mentiras do dinheiro são acerca da confrontação: "Quem estou sendo, o que estou sendo, em que mentira estou acreditando que que é verdade?" Não é trabalho para fracos. É o trabalho para a ímpia ROAR que habita dentro de você que afirma: "Acabou. Não vale mais a pena me esconder atrás disso."

Foi o que eu disse quando me voltei, encarei e olhei para todas as décadas de abusos e toda a bosta que tive de enfrentar.

Acabou.

Não vou ser escrava disso.

E se eu puder ajudar uma pessoa com o que estou falando, vou falar sobre isso. E eu vou andar por aí e espalhar a minha palavra pois há muitas outras pessoas como eu que também vão andar por aí. Afinal, estou falando disso. Elas podem ver que não vão morrer se falarem o que é verdade.

Mas nos escondemos atrás das pedras que estão no nosso caminho, atrás dos nossos sistemas de crenças, dos nossos pontos de vista, da nossa mãe e do nosso pai, dos nossos empregos, da nossa pobreza, dos nossos bloqueios, dos nossos fracassos, dos nossos isso e dos nossos aquilo.

E continuamos sendo idiotas.

Se você está lendo isso, não há nada de idiota em você. Você é a pessoa que exige ter dinheiro pois o dinheiro nas suas mãos vai mudar este mundo.

O dinheiro nas suas mãos mudará o rumo do mundo, de todo o mundo. E se isso acontecer, maravilha, pois você estará ROARando.

Seja você, vá mais além e crie magia!

16

DESISTA DAS MENTIRAS

O dinheiro é um tema tão pesado para as pessoas. Traz à tona tanto porcaria, negatividade e destruição, bloqueios e pesadez e medo – tudo o que você possa imaginar, basicamente. Mas é também por isso que merece ser discutido, tanto quanto a saúde, o sexo ou os relacionamentos. O dinheiro tem um impacto profundo nas nossas vidas, e temos os nossos problemas únicos com ele.

Para mim, o meu único problema era que eu conseguia sempre ganhar dinheiro, mas nunca conseguia simplesmente me permitir a o ter e manter. E depois comecei a notar que havia um padrão nos meus clientes que tinham o mesmo "problema em mãos", em que eles conseguiam criar dinheiro, mas nunca o manter ou ter.

Comecei a observar e a assistir a essas pessoas com quem eu estava trabalhando, pessoas que eram realmente ótimas, sucumbirem perante esse guru, esse Deus a que chamavam de dinheiro.

Portanto, há algum tempo, algo mudou completamente para mim, financeira e energeticamente, em que muitas das questões que eu mencionei aqui simplesmente desapareceram. Nem sei o que aconteceu.

Não foi como se o mar se tivesse aberto, como Moisés e tudo mais. Simplesmente algo parecia ter mudado.

Agora, não quer dizer que tudo esteja perfeito ou que eu não possa fazer melhor pois, eu acho que estou sempre crescendo, certo? Estou sempre melhorando.

Se você se curar de uma doença potencialmente fatal sem medicamentos alopáticos, você ganha algo com isso. Ganhei algo com isso e coloquei tudo em jogo financeiramente para o fazer. Foi a melhor decisão financeira que já tomei, e o que aprendi com isso é que você pode sempre ganhar mais dinheiro.

E eu ganhei.

Ao se alinhar consistentemente com o que parece leve e certo, e ao dar o próximo passo que se apresenta, você naturalmente segue um caminho guiado pela energia positiva. Esse alinhamento não só molda as suas ações, mas também reflete o que está dentro de você. Como resultado, o dinheiro tende a seguir você pois o seu alinhamento interno e a energia positiva criam um ambiente propício para atrair abundância financeira.

No entanto, à medida que minha realidade financeira mudava, vi que imensas pessoas com quem trabalhei, e colegas, não estavam tendo essa mudança.

Se você não entender nada do que estou dizendo, tudo bem. Eu aprecio quando as pessoas não entendem pois, se você entende, talvez você esteja apenas imitando o ponto de vista de outra pessoa.

E eu não quero que você fique sob o ponto de vista de outra pessoa, pois há já tantas décadas, que todos nós encarnamos e abraçamos o ponto de vista de outra pessoa – e depois chamamos isso da nossa realidade.

Mais uma vez, este capítulo falará menos acerca do dinheiro e das notas reais, mas se concentrará em tudo o que você precisa para criar o seu "fluxo de dinheiro" – ou a falta dele – na sua conta bancária, carteira, investimentos, talão de cheques e no seu bolso agora.

Tudo o que vamos falar é o que você acha que é a sua realidade financeira.

Veja, o meu pai sempre me falou sobre relacionamentos. Ele costumava dizer: "Dizem que os opostos se atraem. Foi o que aconteceu comigo. E olhe no que isso deu?" Ele estava falando acerca do seu casamento. E por agora, já todos vocês sabem como isso era outro problema e como eu fiz muita terapia para o ultrapassar.

É por isso que me formei em psicologia, para evitar que outras pessoas façam isso. Você aprende o que precisa fazer na vida de uma certa forma.

Ele me disse algo como "Só fique com alguém com que possa ser seu parceiro, alguém com quem você possa trabalhar, se esforçar e criarem algo juntos. Mas não coloque todos os seus ovos em alguém para ser a sua vida toda."

Eu levei tudo isso que ele me referiu nesses momentos como a melhor educação empresarial e financeira que eu poderia ter.

Me lembro dos meus primeiros dias em Nova York, vendo todo mundo caminhando até à estação de trem, pois era suposto que eu trabalhasse na cidade em Nova York. Era suposto que eu entrasse no trem diariamente e trabalhasse nalgum lugar. Era suposto que eu usasse um terno diariamente, colocasse sapatilhas ou tênis e pusesse os meus saltos altos na minha pasta, e caminhasse até ao metrô e chegasse à cidade.

Era isso que eu era suposto fazer.

Me lembro de olhar para a lua pela janela do meu quarto e dizer: "Deus, o que quer que você faça, não me deixe viver uma vida desalmada."

Sim, um pouco de preconceito.

Por causa do que vi – todos os que subiram à estação de trem, homens e mulheres – ninguém estava feliz. Ninguém tinha um sorriso no rosto. Todo mundo tinha um olhar desamparado.

Enquanto isso, o meu pai, quando estávamos na cave, me ensinou a ser realmente feliz e a fazer o que amo. Portanto, saí de Nova York assim que pude e fui para o oeste. Quando cheguei à Califórnia, todo mundo era do tipo, "Sim, é sexta e é segunda. Vamos andar de bicicleta. E é terça e quarta ou quinta... vamos andar de bicicleta. Vamos fazer uma caminhada."

Pensei: "As pessoas não vão para o trem, não vão para a cidade e não vão trabalhar o dia inteiro?" Não, trabalhavam de jeans e calções, ganhavam imenso dinheiro com um sorriso no rosto. Essa é a minha gente, pensava eu.

Esses momentos com o meu pai foram importantes, e foi aí que eu ganhei o amor pelo dinheiro. Aquele amor daqueles momentos com o meu pai e o dinheiro mudou tudo para mim.

Houve um pouco de luta durante alguns desses anos, mas agora, quando me lembro dessas histórias e da energia do meu amor pelo dinheiro, que na verdade está criando mais dinheiro, mais negócios, mais diversão, mais alegria, mais comunhão com a terra, melhor sexo e um relacionamento mais feliz dentro de mim – um relacionamento saudável dentro de mim e do meu corpo.

Portanto, havia algo nesses primeiros momentos, sobre saber como é o dinheiro, o seu cheiro, o seu sabor e o caso amoroso que eu tive com ele, realmente foi o interruptor que ligou a torneira do dinheiro para mim. Caso contrário, eu nunca saberia isso.

17

A LIBERDADE DO ESPAÇO

Por que estou pedindo que você desista das suas mentiras acerca do dinheiro?

Por que seja o que for em que você acredite e seja a crença de outra pessoa e não a sua, passa a ser verdade para você, e depois você nunca pode mudar isso ou ultrapassar isso pois não é a sua crença. Você não pode mudar algo que não é seu.

Alguém tem algo na sua vida que não está mudando? De hoje em diante, espero que você pergunte: "É meu?"

Mais uma vez, é meu? É a minha crença? É a minha realidade?

Pois se você não entender que é leve e brilhante, borbulhante e expansivo quando você faz a pergunta:

"É meu?" e, em vez disso, parece denso e contraído nas suas entranhas e pesado, é uma mentira que você está acreditando.

Se parece ser leve, expansivo, livre e alegre – é verdade.

Da melhor forma que puder, quero que todos vocês sejam mais como uma tábua rasa do que quando começaram lendo este livro. Pois todos nós temos os nossos pontos de vista, a nossa realidade, os nossos desejos, os nossos problemas, as nossas questões que precisamos resolver – tudo aquilo que sentimos que somos incapazes de ultrapassar.

E o que descobri com os meus clientes e por mim mesma é que estas questões nem sequer são nossas.

Nós as adotamos.

Nada disso tem a ver com você.

Não estou tendo uma mera conversinha de café com você e dizendo algo sem motivo. Estou compartilhando o que sei para que possamos chegar ao que um por cento é para você – e que espero que contribua para que você saia daqui e receba um telefonema acerca de alguém que lhe deve dinheiro, e que o vai colocar na sua conta. Ou, que se você está procurando por um novo trabalho, que ele surja de alguma forma por correio, e-mail ou telefonema.

Ou que talvez amanhã você abra o jornal, ou você procure algo na internet, e algo que você estava desejando, sem nem sequer saber o que você está desejando, e surja na sua tela... algo desse gênero.

Voltando a mim e ao meu processo, finalmente cheguei ao Texas. A única coisa que eu sabia sobre o Texas eram os meus próprios preconceitos. Eu nem sabia que tinha algum preconceito acerca do Texas.

Mas, quando cheguei ao Texas, pensei: "Ei, eu meio que gosto disso aqui."

Ainda não entendi o motivo, mas nem sequer o preciso entender. Há espaço lá, facilidade, e eu gosto de facilidade.

Nunca surge como você pensa que vai surgir, como aquele convite para essa possibilidade e a vida que eu criei.

Vendi tudo, larguei tudo e mais alguma coisa que não queria vir comigo quando saí da Califórnia. Eu nem sequer cheguei a vender tudo. Vendi parte do que tinha e ofereci de presente a maior parte. Nem sequer eram importantes para mim.

Eu só sabia que estava na hora de ir embora, e quando veio o convite, eu fui.

O que conspirou para me abençoar através do universo a partir dessa escolha de seguir o que é leve e certo me deixou feliz. E não foi por trabalho nem por dinheiro que tomei essa decisão.

Era a Terra. Eram os cavalos. Era o meu corpo. Foi uma escolha de uma possibilidade de relacionamento, no início até deu certo. Nunca sequer imaginei.

"Uau, então, isso é o que acontece quando é leve e certo, e você segue isso", você deve estar pensando.

Sim, e a providência também se move. O universo conspira para o ou a abençoar. O pior disso foi que eu fiquei um pouco deprimida. Pois, após me ter mudado e tudo estava correndo tão bem, tive de olhar para cada escolha que fiz anteriormente que não era leve nem certa para mim.

E isso faz parte do que eu faço aqui em As Mentiras do Dinheiro. Falo de situações por que passei. Não estou somente tirando isso dum livro, ou duma premissa, ou simplesmente escrevendo um livro acerca de dinheiro por ser apelativo. "Ei, vem até mim. Eu tenho as suas respostas para As Mentiras do Dinheiro."

O livro As Mentiras do Dinheiro e os workshops são as lições da vida que eu aprendi e venho seguindo exatamente o que estou dizendo aqui; e as uso com os meus clientes e observo toda a minha vida a se expandir. Observo o meu corpo, a minha saúde, a minha felicidade, o meu dinheiro fluindo, as minhas aulas e o meu dinheiro mudando.

Tenho ideias crescendo, livros que escrevi e participei, e outras coisas que estão sendo feitas que eu nunca pensei que conseguiria. Coisas que eu achava que aconteceriam daqui a 20-30 anos que estão acontecendo agora – só porque eu disse "Sim" a essa possibilidade.

A quantas possibilidades você já disse "Não", a que se dissesse "Sim" teria mudado tudo o que você acha que é errado na sua vida agora?

Então, aqui está a maior mentira do dinheiro – e eu realmente o ou a vou decepcionar e sinto muito.

A maior mentira do dinheiro tem a ver com os seus sistemas de crenças e suposições acerca do dinheiro, e tudo o que lhe foi dito acerca do dinheiro.

A maior parte da minha história, conforme relatei aqui, foi acerca de mim e do meu "processo" em relação ao que essa realidade, ou mãe, pai ou quem quer que seja, me disse acerca do dinheiro.

Mas nunca se trata do dinheiro.

Este pequeno pedaço de papel não significa nada. Essa

coisita aqui - que você está afirmando – que é o arruinador, destruidor e é um problema na sua vida.

Dizemos que nos dá felicidade. Ou dizemos que esta é a raiz de todos os males.

Dizemos que temos de trabalhar arduamente para o ganhar.

Dizemos que só temos valor quando o temos, e que só valemos algo para alguém por aquilo que dirigimos, que vestimos, com que nos adornamos e as férias que conseguimos ter. Não estou dizendo que tudo isso não é bom, pois também gosto disso. Mas quantos de vocês se tornaram dependentes do dinheiro como causa ou fim de toda a sua alegria, da sua felicidade ou do seu valor?

Portanto, você estaria disposto a abrir mão de apenas um por cento da sua mentira de que o dinheiro significa algo sobre você, que o dinheiro é o seu deus ou o seu guru, ou que o dinheiro tem algo a ver com a sua autoestima?

Você estaria disposto a abrir mão disso por um por cento a mais?

E em todos os lugares você fez aquilo da cenoura e disse: "Se eu tiver essa quantidade de dinheiro, tudo será melhor. Se eu fizer isso, serei feliz. Se eu receber cinquenta mil dólares, serei feliz. Se eu receber o aluguel do mês que vem, serei feliz."

"Se eu tiver esse valor na minha conta bancária, vou dar gorjeta a essa pessoa."

"Eu não vou dar vinte por cento pois eles pisaram os meus calos", mas é realmente porque você não tem esses vinte por cento a mais na sua mentalidade.

Vou contar um dos meus pequenos truques.

Sempre que sinto aquela constrição ou jaula em torno do dinheiro, dou mais.

Às vezes é difícil dar mais, e às vezes nem sequer dou dinheiro. Às vezes, dou comida ou roupas. Quando tinha muitas coisas, pegava nelas e pedia a cada uma dela que me dissesse para onde gostaria de ir? Desejava que fosse dada como presente ou doar?

Os meus amigos me amavam. "Eu já não quero essa cadeira. Eu já não quero esse sofá. Aqui está ele. Eu ofereço a você."

Prefiro não me sentar a me sentar em algo que já não funciona para mim. Demorou um pouco para chegar lá, mas consegui. Eu exigi que tudo o que estivesse ao meu redor – em que eu me sentasse, tocasse ou colocasse no meu corpo deveria me fazer sentir de uma certa maneira. Tem de me fazer sentir bem ou me fazer sentir bela. Tem de ser macio, não estar apertado.

Sim, pergunto ao meu corpo o que ele gostaria de usar todos os dias. Que cor, que energia?

Essas são as coisas que a mentira nos faz esquecer – o conforto, a facilidade, a felicidade.

Portanto, aqui estou eu para lhe relembrar a você. Você pode criar facilidade; você não precisa abraçar o mal-estar.

Por que achamos que o mundo gira à volta do dinheiro?

Portanto, por que achamos que o mundo gira à volta do dinheiro?

Essa realidade gosta de apontar dedos. Quer seja por causa da sua cara-metade ou dalgum médico que não diagnosticou você quando você descobriu que tinha algo ou o que não tinha na sua conta bancária, você sente que você não tem culpa disso.

Mas o que não faz é mudar a forma como você se relaciona com o dinheiro.

Você estaria disposto ou disposta a mudar a forma como você se relaciona com o dinheiro só apenas um grau? Então, vamos lá começar com isso, outra mentira, #2.

A segunda mentira é que o seu patrimônio líquido equivale à sua autoestima.

Portanto, me diga, quanto dinheiro você deve ter para ser digno ou digna? Como assim, só por ser você, você não está bem financeiramente?

Voltarei a isso daqui a pouco, mas antes disso, quero compartilhar uma história. Quando conheci Gary Douglas, o fundador da *Access Consciousness*, ele estava fazendo um trabalho em mim num workshop de 7 dias na Nova Zelândia e me disse: "Querida, você é uma prostituta."

Comecei a chorar pois acreditava que era ruim ser uma prostituta, e não sabia que acreditava nisso a esse ponto, ou que acreditava que o motivo de ter sido abusada era porque eu era uma prostituta. Eu acreditava que tinha feito algo de errado.

E então, ele me disse: "Querida, você quer saber o que eu quero dizer com isso?"

Eu afirmei: "Claro!"

Ele diz: "Você tem algum preconceito em relação a alguém ou a algo?"

"Não, nem por isso."

E ele disse: "Mesmo com todos os abusos que você passou, você passou a odiar as pessoas?"

"Não."

Ele disse: "Você sabe que isso é raro, que isso é diferente?" "Sim."

E ele disse: "Você pode receber de qualquer pessoa. E você pode receber qualquer coisa, e isso é você. Portanto, você gostaria de encarnar a prostituta que você realmente é?"

E eu disse: "Diabos, sim!"

Mas foi preciso mudar o meu preconceito sobre o que significava ser uma prostituta pois, até então, eu o relacionava com o meu abuso passado.

Como alguém que sofreu imensos abusos, demorou bastante tempo para que eu permitisse que o meu corpo desfrutasse, da cabeça aos pés, da personificação orgástica completa. E ainda tenho alguns problemas em o fazer, mas estou noventa e nove vírgula nove por cento melhor.

Portanto, eu perguntei: "Mas o que é uma prostituta?"

E ele respondeu: "Ei, querida, a prostituta fica com o dinheiro."

E isso é verdade, pois se ele ou ela não vão ficar com ele, ele ou ela têm alguém que vai ficar com ele.

É isso que eu quero ser, um receptáculo de tudo o que é bom.

Não estou dizendo que me devo prostituir ou deixar de ser autêntica. Não estou dizendo para ferrar ou matar alguém. E ele não estava dizendo isso; ele estava me mostrando algo que era tão ultrajante para mim para me fazer pensar fora da minha própria jaula do que eu não receberia. Naquele momento foi incrivelmente libertador.

Estou dizendo que tudo o que pensamos pode destruir nossa capacidade de criar e realizar se tivermos um preconceito fixo.

Quando você está julgando alguém, você vai notar que é como se seu coração ou corpo se contraísse, ou você se sentisse meio denso ou densa, ou você se quisesse afastar.

Quanto você pode receber deles? Acontece o mesmo com o dinheiro.

Quanto mais preconceitos você conseguir receber e quanto mais preconceitos você conseguir deixar de lado, mais dinheiro fluirá e mais dinheiro entrará na sua vida, e mais você receberá o que deseja.

Aqui eu pulei para a mentira #3 – que é sobre receber e sobre os preconceitos na sua vida.

Não estou dizendo para ir até à frente duma sala e dizer: "Ei, pessoal, vocês me podem julgar? Joguem os seus dardos em mim."

Portanto, todos os relacionamentos em que você já não está deixaram uma marca em você sexualmente – os relacionamentos sexuais em que você já não está, incluindo os casamentos deixaram uma marca em você, sobre os seus pontos de vista acerca do dinheiro, acerca dos seus pontos de vista sobre você, acerca dos seus pontos de vista sobre as notas reais, sobre os seus preconceitos sobre você que ainda estão nadando na sua consciência celular. Você gostaria de se divorciar energeticamente disso?

Você gostaria de dissipar e liberar isso para a Terra? Você gostaria de devolver algo que seja doutra pessoa com consciência? Você gostaria de se libertar de todo o seu sistema sexual da realidade deles? E deixar que a sua sexualidade floresça, desabroche? Com novas possibilidades?

Aja agora. Destrua as suas mentiras fazendo a si mesmo as perguntas que as desconstroem.

18

O QUE VOCÊ ESTÁ RECUSANDO?

O que você está se recusando a ser quando coloca o dinheiro na sua carteira e lhe pergunta o que ele gostaria de dizer, e ele diz: "Você não me ama."

O que você se está recusando a ser que mudaria essa energia imediatamente?

Por que você se está recusando a estar com dinheiro que, se você fosse apenas ele – se você o amasse, se você o esfregasse, se você o honrasse, se você o respeitasse, se você o beijasse – eu não me importo com o que você faz com ele – mas se você o ama, então que o crie a partir da alegria da possibilidade de quem você é e o que você gostaria que fosse a sua realidade, e ele virá.

O universo conspirará para o ou a abençoar, mas você

deve colocar você em primeiro lugar e se comprometer com você. É a sua chance e você tem livre-arbítrio.

Então, se comprometa com você – não só porque eu lhe estou dizendo.

Caso contrário, você não está usando o seu dinheiro como uma possibilidade. E você não está usando o seu dinheiro como possibilidade pois você não está disposto ou disposta a ser a possibilidade.

E se você fosse essa possibilidade caminhando e essa fosse a sua realidade financeira?

Um dos participantes dos workshops das Mentiras do Dinheiro compartilhou neste momento:

"O dinheiro sempre foi usado como um castigo na minha família.

Os meus pais se divorciaram e o meu pai castigou a minha mãe tirando todo o seu dinheiro pois a amava. Ele queria ficar com ela, e ela não, portanto, acabamos com ela morando em Paris, mas num apartamento minúsculo e pobres. Isso depois de ser filha dum embaixador que morava numa casa enorme no melhor lugar de Paris."

Portanto, eu lhe fiz uma pergunta: "O que você decidiu sobre o dinheiro o naquele momento, a partir do que viu acontecer com a sua mãe e o seu pai? De verdade?

Primeiro pensamento, melhor pensamento, nenhum pensamento."

Ela respondeu: "Que esse dinheiro era ruim."

"Exatamente. Agora posso compartilhar algo com você?

A forma como você acabou de falar com o seu dinheiro lá, "Mas eu faço tudo" – é cruel." Destaquei a sua atitude em relação ao dinheiro. E ela concordou.

Eu continuei: "E é por isso que o que você quer mudar em relação ao dinheiro não está mudando, e não tem nada a ver com o dinheiro.

Tem a ver com você ser cruel e escolher ser cruel como a sua mãe e o seu pai estavam sendo um com o outro.

Quanta loucura você está disposta a abrir mão esta noite acerca do que os seus pais lhe ensinaram sobre o dinheiro?

Quanta loucura? Pois você pode escutar quando você começa a contar a história, era como, "Maldita Paris, dinheiro, divórcio. Me tira daqui, me salva, me salva."

Mas a realidade é que todos nós temos algum tipo de loucura associada ao dinheiro.

É por isso que a mentira #2 é que o nosso patrimônio líquido está relacionado com a nossa autoestima. É por isso que achamos que tem a ver com o dinheiro, e vamos a todos esses workshops de dinheiro onde achamos que alguém vai nos dar a resposta para o nosso fluxo.

Bem, a resposta não é uma configuração ou uma computação, a resposta é você ser você."

"Você é cruel?" Perguntei, buscando entender a natureza intrínseca dessa pessoa.

"No fundo do seu ser, você é cruel? Quando você era criança vendo o que seus pais faziam, você ficava feliz?" Sondei mais, convidando à reflexão sobre as influências da infância.

"Não, eu ia dizer que era cruel, mas, sim", admitiu.

"Espere um segundo... isso é bom", parei, reconhecendo um momento crucial. "Diga: Eu sou cruel."

"Eu sou cruel", respondeu a participante.

"Diga: Eu sou cruel para caralho."

"Eu sou cruel para caralho", repetiu a participante.

"Eu definitivamente sei que eu não gostaria de estar do seu outro lado, desse lado maldoso, pois você poderia me despedaçar, não é verdade?" Observei, reconhecendo o potencial de pontas afiadas.

"Ah, sim", afirmou a participante.

"O dinheiro vem para a festa da diversão. Não vem ter com a crueldade, para ser despedaçado, todo mundo vai fugir. Você acabou fazendo com que as pessoas fugissem de você?" Perguntei, direcionando a conversa para uma transformação.

A participante, então, revelou uma reviravolta familiar na narrativa. "Como o meu pai não estava dando dinheiro suficiente para a minha mãe, por vingança, a minha mãe me colocou nas escolas mais caras do mundo para que ele tivesse que pagar as contas e gastar o seu dinheiro."

"Então, a outra mentira sobre a qual eu ia falar esta noite é que o dinheiro é o seu inimigo – o dinheiro é o seu agressor, não o seu aliado, e é disso que você está falando aqui", expliquei, tirando conclusões.

"Você gostaria de abrir mão disso mais um grau?" Perguntei, oferecendo uma oportunidade para uma mudança de perspectiva.

"Sim", afirmou a participante, sinalizando a vontade de desemaranhar os nós de condicionamentos passados.

E foi assim que conseguimos descobrir as mentiras para essa pessoa, para a fazer passar de um lugar de confusão e frustração com o dinheiro para a vontade de transformar, começando com apenas uma mudança de um grau.

Eu conseguia entender onde ela estava, pois foi o que eu passei. A minha mãe também usou o dinheiro conosco, sem ser o nosso desejo, para expressar a sua raiva em relação ao meu pai. Eu não queria aquelas bonecas-repolho! Eu era um pouco maria-rapaz e não queria nenhumas bonecas-repolho, mas eram os anos 80 e eram um sucesso naquela época, e um bom exemplo dos gastos da minha mãe como uma reação em relação à raiva perante o meu pai.

A minha mãe contou ao meu pai isso e disse: "Eu preciso de mais dinheiro para isso. Lisa, conte ao seu pai sobre da, da, da, da."

E eu falei: "Eu não gostei delas? Sim, eu tenho as bonecas-repolho, obrigado pai."

Saí e fui para outro lugar. "Meu Deus, essas pessoas são loucas. Que realidade é essa?" É insano como as pessoas usam o dinheiro.

Ela não conhecia nada melhor? Não, essa era a dinâmica deles, ressentimento, rejeição e arrependimento que giravam em torno do dinheiro.

Você gostaria de sair da realidade da sua mãe e da

realidade do seu pai, do policial, da Receita Federal ou do seu ex?

E você estaria disposto ou disposta a abandonar a crueldade que escolheu como seu traje, sua persona, com base no que testemunhou.

É só preciso mudar um grau pois há beleza e fofura em si que é o seu eu real. Eu consigo ver isso, mas está por baixo de toda essa blindagem dessa crueldade. E não há nada mais doloroso do que viver como você não é com essa armadura.

Eu sei, pois eu também vivi isso.

Assim que ele se foi, assim que você se desligar dele e entrar em você, a providência também se moverá.

19

O DINHEIRO DÁ LIBERDADE

O dinheiro dá mais liberdade e controle, certo?

Impulsiona essa realidade, certo?

Você pode lutar contra tudo o que você quiser e criar tudo o que quiser, mas adivinhe?

Se você continuar fazendo isso, você vai perder, pois essa realidade vibra de forma diferente.

E se você gastasse toda a sua energia a receber em vez de afastar? Quem você seria então?

Pois, é uma escolha.

Acredite, você desenvolve algumas limitações quando tem uma pilha de dinheiro toda semana e fica observando o que acontece. Você desenvolve uma prisão, e então você cria uma encarnação todos os dias.

Você repete a mesma insanidade incessantemente até você esquecer que pode fazer uma escolha diferente, e que o que você está criando não é quem você é até acordar naquele momento e dizer: "Eu me recuso a continuar fazendo isso. Eu me escolho a mim."

Havia uma participante dum workshop que me expôs uma relação peculiar com o dinheiro, mostrando uma capacidade para gerar fundos rapidamente, mas que estava tentando lidar com o aspecto menos agradável de ter de devolver o dinheiro aos outros. Ansiosa para entrar na dinâmica subjacente, perguntei: "O que você ama em odiar ter de devolver o dinheiro às pessoas?"

"É que assim que eu lhes pagar, elas podem ir embora", confessou a participante. Reconheci o surgimento dum padrão e sondei mais: "Tem algo a ver com dinheiro?"

"Não", veio a resposta, afirmando o distanciamento do aspecto financeiro.

"A mentira #1 em ação", salientei, enfatizando a desconexão entre a questão percebida e as suas verdadeiras raízes. Incentivando a participante a vocalizar o padrão, eu pedi: "Diga de novo: Então quando eu pagar às..."

"Quando eu pagar às pessoas, elas podem ir embora", reiterou a participante.

"E se elas forem embora, o que acontece depois?" Continuei desemaranhando os nós.

"Aí eu perco essas pessoas", reconheceu a participante.

"E se você as perder, o que isso significa sobre você?" Sondei, orientando a participante a refletir sobre as implicações mais profundas.

"Que ninguém gosta de mim", foi a resposta reveladora.

"E se ninguém gosta de você, o que isso significa sobre você?" Fui avançando, me aprofundando nas crenças principais.

"Estou em branco", admitiu a participante, chegando a um ponto de incerteza.

"Bom, agora estamos chegando a um território que você desconhece." Observei, reconhecendo o surgimento de emoções inexploradas.

"O que você ama em não ter as pessoas por perto, e você consegue ficar sozinha e não ser nada?" Indaguei, com o objetivo de trazer à tona as motivações ocultas.

"Que eu posso fazer o que eu quiser", revelou a participante, trazendo luz a um tema recorrente.

"Então isso tem alguma coisa a ver com dinheiro?" Questionei, provocando uma reflexão acerca da conexão entre os padrões observados e as experiências financeiras da participante.

Não, mas ela projetou isso no dinheiro, portanto, o seu lema era ficar sozinha e fazer o que quisesse. Ela teve de projetar tudo isso no dinheiro, toda essa dinâmica de chegar ao último momento com toda a grande catástrofe e drama e conseguir dinheiro e pedir emprestado e ter pessoas dando para ela, e depois ter de lhes pagar esse dinheiro de volta. Ela parava para se manter no controle.

Talvez opte por o fazer com roupas em vez de dinheiro.

É como dizer: "Me deixe pegar exatamente no que essa realidade se foca e como funciona e criar uma luta, drama e trauma sobre ela para que eu nunca a possa realmente ultrapassar, e nunca tenha de ter um relacionamento com ela, e nunca seja uma aliada dela, para que eu possa estar sempre em luta com a própria coisa que impulsiona essa realidade. Saúde."

Quantos de vocês também fazem isso? Você quer mais controle, mais poder na sua vida, mas só está projetando isso nas suas finanças. Isso também é abuso financeiro. E você deve reconhecer o seu comportamento e trabalhar para caminhar para uma transformação.

20

QUAL É A RESPOSTA CERTA?

Quando o meu pai morreu, ele deixou uma bagunça para eu limpar – uma bagunça dos diabos – e eu ainda a estou limpando. Graças a Deus está quase.

No entanto, ele disse muito claramente quando estava vivo: "Eu quero que todos vocês o tenham e usem, e eu adoraria ver todos vocês a o usarem e terem, e como vos posso ajudar?"

Ele tinha um plano. Nós simplesmente não o escutamos.

Mas ele tinha um problema - ele não conseguia ter nada.

Ele tinha de dar tudo a todo mundo. Ele dava à minha mãe, dava a mim, ao meu irmão e à minha irmã. Ele pagou imensos casamentos dos meus primos. Pagou casamentos de outras pessoas.

Ele dava imenso, era excessivamente generoso, mas era porque ele não acreditava que valia a pena ter nada disso.

Mas o que significa ter dinheiro nessa realidade?

Alguns de nós pensam que se você tem dinheiro, você está a salvo. Bem, eu conheço imensas pessoas com dinheiro, e continuam acontecendo coisas terríveis com elas.

E se você não tem dinheiro, você não está a salvo? Bem, eu conheço imensas pessoas que não têm muito dinheiro e não há nada de errado com a sua vida. Eles estão simplesmente felizes.

Portanto, isso que as pessoas projetam é tudo insinuações, crenças e pontos de vista projetados para controlar e moldar você de acordo com a visão de outra pessoa.

Quando você está se moldando de acordo com a visão de outra pessoa, onde você se encaixa?

Não se encaixa.

O quanto você abdicou da sua realidade financeira para se encaixar nessa realidade financeira? Você é daquelas pessoas que quer economizar para o tempo das vacas magras? É bom poupar para tempos difíceis?

Qual é a resposta certa?

Quando eu estava fazendo o meu workshop As Mentiras do Dinheiro na Flórida, foi tremendo, e todo mundo ficava me perguntando "então qual é a resposta certa?" Achei engraçado e me perguntei se era algo floridense. Saber a resposta certa.

Bem, é bom e ruim pensar assim. Pois eu lhe vou contar um segredo, eu sou provavelmente a pior pessoa para você consultar se você está procurando a resposta certa. Vou enlouquecer você – não há uma resposta certa. É o que é verdadeiro, leve e certo para você.

Portanto, ter curiosidade acerca do que é certo e leve é bom, mas não é algo universal nem objetivo. O certo e a leveza são subjetivos e únicos para cada um de nós.

É como o sistema escolar deste país que diz: "Você dá essa resposta, faz uma cruzinha na caixa, e você recebe um Muito Bom. Você erra algumas respostas você recebe um Bom, erra tanto que você recebe um Suficiente, erra mais você recebe um Insuficiente."

Ou, se você está em sintonia como eu, você falha repetidamente e vai a um tutor até passar, certo?

Essa é a realidade. É preciso ter a resposta certa para seguir em frente.

Não é diferente de precisar de ter dinheiro para ter a sua autoestima, ser algo melhor.

Portanto, voltando a poupar para o tempo das vacas magras. Quem nos ensinou isso? Bem, não tínhamos mais de três, quatro ou sete anos quando nos esquecemos que podemos escolher o que é leve e certo para nós.

Aquelas bonecas-repolho... Alguém me perguntou se eu as queria?

Não, eu queria Bonecos de Ação, diacho!

Eu amava o Super-homem, amava jogar futebol, amava ir à cidade.

Eu fui modelo infantil na cidade, mas não queria ser. Eu amava o passeio de helicóptero para ir, mas ser modelo era ruim pois você tinha de ficar ali e vestir o que quer que as outras pessoas queriam que você vestisse.

Não tinha escolha.

A minha mãe queria, eles queriam. Você tem de se pôr de pé, você tem de fazer isso. É assim que imensas pessoas adoecem com doenças potencialmente fatais, e muitos relacionamentos terminam horrivelmente, e as pessoas têm problemas de fluxo de dinheiro – pois todos nós estamos escolhendo criar nossa vida com base em algo ou no ponto de vista de alguém que é realmente uma mentira para nós.

E eu digo: "ROAR®. Acabou." Seja um estrondo.

Seja o tsunami, o terremoto.

Seja o fluxo que lhe permite alterar a realidade física apenas pela sua presença. Diga "Sim" quando você quer dizer sim, "Não" quando você quer dizer não.

Pare de acreditar que o dinheiro é a raiz de todos os seus males. Pare de acreditar em algo que lhe foi dito sobre o dinheiro. Apenas diga: "Puxa, se esta é a minha realidade financeira, que realidade escolho? Se eu estivesse vivendo a minha realidade financeira, quem eu seria hoje?"

Pois aí, pelo menos você sabe que está no presente. Estou dizendo para não economizar?

Não.

Estou dizendo para não encarnar, moldar, alinhar, concordar, resistir ou reagir a algo que não seja o seu "Sim" – isso é leve, certo e divertido para você.

Seja você, além de tudo mais e crie magia.

21

SEJA BRILHANTE COM O DINHEIRO

Tudo o que você precisa fazer é fazer uma pergunta – basta isso.

Eu sou como um cachorro que não larga o osso no que trata de ajudar alguém. Gosto de desmontar essa pessoa, de a trucidar para a esquerda e para a direita, e dissipar o problema – e tirar essa pessoa de lá o mais rápido possível para ela se transformar em algo novo.

Portanto, vamos lá começar este capítulo com mais algumas perguntas.

Você quer ter mais dinheiro?

Você quer ter menos dinheiro?

Você vem duma família muito rica?

Você vem duma família realmente batalhadora que tem sentimento conflituosos em relação ao dinheiro?

Nos workshops que dei à volta do mundo, a maioria das pessoas levanta as mãos nesta última pergunta. Todo mundo vem de algum tipo de conflito ou luta ou situação problemática no que toca ao dinheiro. Essa é a maior parte da experiência, definição, perspectiva e compreensão dessa realidade em relação ao dinheiro.

Está na hora de abrir as portas para uma nova possibilidade.

O tema do dinheiro tem muitas projeções, crenças, separações, expectativas, ressentimentos, rejeições e arrependimentos associados. Essas energias em torno do dinheiro mancham o que é a energia do dinheiro.

Do meu ponto de vista, a energia do dinheiro traz liberdade, expansão e consciência. É leve, traz a plenitude e a liberdade dos dons e capacidade únicos que você tem para dar ao mundo, e ser isso no mundo e fazer o que você quer fazer, o que quer que você mais ame fazer, que seja fácil e divertido para você. E, o mais importante, que você está no mundo onde pessoas excepcionalmente qualificadas para trabalhar com você vêm ter com você, recebem de você e você pode receber essas pessoas e colaborar com elas.

Ter dinheiro é a liberdade e a possibilidade expansiva de mudar esta realidade de acordo com o que é leve, certo e divertido para você. O que você amaria ser e fazer se tivesse todo o dinheiro que desejava?

O que você escolheria?

O que eu descobri na minha vida é que é fácil para mim gerar e criar dinheiro. Tem sido difícil, até aos últimos dois anos, ter dinheiro e me permitir a ter dinheiro de forma consistente e contínua com os meus investimentos, viagens, diversão, prazer e viagens por todo o mundo.

Então, gerar e criar é fácil para mim, mas o ter e o manter, é algo que eu tive de cultivar. Foi aí que me surgiu a minha primeira mentira acerca do dinheiro – que eu só conseguia gerar e criar, mas não ter. Agora, será que fui eu mesma que criei isso?

Não. Eu estava imitando a realidade do meu pai.

O meu pai era uma criança pobre que foi criada por um alcoólatra e um multimilionário que chegou aonde chegou sem a ajuda de ninguém, mas que desperdiçava tudo pois dizia sempre: "Eu era um menino pobre do Brooklyn. Nunca esperei conseguir nada. Nunca o mereci. Não tinha ninguém para me ajudar. Ninguém nunca me demostrou um raio de bondade, e tudo o que eu quero é que vocês (ou seja, o meu irmão, a minha irmã, a minha mãe e eu) tenham o que quiserem enquanto viverem. Quero que gastem tudo até ao último tostão até quando eu morrer pois eu não mereço nada."

Ele não podia ter nada para si, mas podia dar tudo de si a qualquer pessoa. Então, ele era muito generoso. Sempre que íamos aos jogos, eu dizia: "Pai, se sente com a gente. Venha para aqui."

"Não, é para vocês se divertirem. Estou me divertindo imenso. Adoro ver as vossas caras felizes", dizia. Ele tirava fotos e fazia todo esse tipo de coisa. Havia simplesmente essa tristeza de que era ótimo de o ter lá e fazer tudo isso, mas, quando era criança, o que eu realmente desejava era que ele estivesse lá, a desfrutar disso além dos "dá cá mais cinco" de um golo ou touch-down ou, "Ei, precisamos de uma cerveja" ou "Ei, precisamos de um cachorro-quente".

Qualquer que seja essa energia de escolher não ter, mas saber que você pode criar e gerar, isso é uma dupla imposição. O meio da dupla imposição é o dinheiro. De um lado é "Eu não o posso ter. Eu não o mereço ter. Eu não sou suficientemente bom para o ter" ou alguma versão disso. O outro lado é "eu desejo que você tenha".

"O que mais eu lhe posso dar? Me deixe fazer isto. Me deixe fazer isso."

Cresci em Nova York e estudei em Connecticut. Os meus amigos vinham até minha casa e voltávamos juntos para a faculdade. Os seus pais eram do tipo, "Aqui estão 20", e o meu pai era do tipo, "Aqui estão algumas centenas?"

Eu ficava tão envergonhada com isso que eu não fazia ideia de como o manter ou usar. Era a experiência mais aleatória. É realmente uma história linda. Adoro falar dele porque mais à frente é onde eu espalhei as suas cinzas. É por isso que eu amo voltar para São Francisco.

Morei em São Francisco por mais de vinte anos. Eu tinha uma clínica e um consultório lá durante muitos anos. É um lugar que significa imenso para mim, e esta é a primeira vez que estou tão perto de onde deixem as suas cinzas. Tem sido muito magnífico estar aqui.

Enfim, esbanjei imenso dinheiro. Eu era a rainha das mentiras do dinheiro.

Pensei que era para me divertir "à grande e à francesa". Isso é algo que ele me ensinou que me prejudicou.

Outra coisa era que, sempre que eu lhe pedia dinheiro, ou para o criar, ele dizia: "Tudo bem, Lisa. Não se esqueça do que eu lhe disse. Faça o que você ama... E, já que estou falando com você, não se case. Mas se o fizer, não case com o seu oposto pois isso não funciona."

E eu ficava do tipo, "Obrigado pai."

A questão é que quando eu lhe pedia dinheiro, ele só dava. Durante anos, eu nunca aprendi a ter dinheiro sozinha, ou a gerar e criar dinheiro, embora ele me dissesse repetidamente que não o mundo não é só para os homens, seja a sua própria chefe.

Ele teve uma influência bastante grande na minha vida, e quando ele partiu dela foi meio chato. Ele fez essa outra coisa estranha com o dinheiro, que era uma dupla imposição. Você pode criar o que quiser, mas eu sou a fonte. Ele não me disse propriamente isso, mas foi assim que eu o interpretei, modelei e gerei. Demorei imenso tempo para me conseguir sustentar financeiramente.

Portanto, vamos lá dar um passo em direção às infinitas possibilidades, à multiplicidade de possibilidades que surgem no seu caminho que são leves e corretas, e a dizer "não" quando algo surge no seu caminho que você sabe que é mentira.

22

APONTANDO O DEDO

Fizemos esse exercício várias vezes neste livro, e quero que você reflita acerca dele mais uma vez. De cada vez, eu pedi para imaginar que ia para a terapia de casal com o seu dinheiro, o que você achava que iria dizer?

Você não faz isso!

Você não faz aqueloutro!

Você faz isso ou aqueloutro!

Bem, você está vendo a primeira palavra que todo mundo imagina na terapia de casal? "Você!"

Você sabe que quando você aponta o dedo, você está desvalorizando e renegando o que é verdade dentro de você. Isso cria aquele preconceito que você projeta fora de você.

Se não está feliz na sua relação, você pode querer reler esta parte novamente.

Quando você aponta, você está julgando. E, quando você julga, você está realmente pegando no que é seu e não o guardando como a sua verdade e fazendo algo para mudar. Ela está sendo colocada no dinheiro, na pessoa, no relacionamento, no trabalho, no negócio, o que for.

Qual é o propósito de acusar alguém do que você mesmo ou mesma está fazendo? Provavelmente, para que você nunca tenha de olhar para si e ver o que você está fazendo? Você nunca precisa mudar o que está fazendo, então, tudo pode ficar igual com o que vocês estão fazendo. Você pode sempre ter a mesma história: "Não importa o quanto eu tente, nada nunca funciona para mim. Eu tentei."

Mas, você tem uma agenda secreta ou mente para manter as suas crenças acerca do dinheiro iguais sem as questionar, e nunca se ter de olhar ao espelho, e ver você. Em vez disso, você joga um jogo de culpa sem fim, sem retorno.

Agora deixe que compartilhe um pouco mais acerca da segunda mentira do dinheiro; "O que você está sendo?" Para mim, era não ter dinheiro, meio que entrar num ciclo de excesso e purga, usar meu pai como fonte ao crescer.

Lembro-me de quando morava no Arizona e estava fazendo o meu mestrado. Eu administrava um centro de tratamento residencial onde ganhava o equivalente a 150 reais por hora. Naquela época, a minha forma de me relacionar com o dinheiro e as pessoas era dizer: "Eu pago. Vamos lá."

E eu punha dinheiro no centro da mesa – não era só o equivalente a 5 notas de 100 reais – e saía quando o dinheiro acabava.

O que eu estava sendo?

Eu estava sendo o meu pai sem sequer saber.

Portanto eu comecei a realmente entrar na psicologia dele, pois a única forma que eu me relacionava com outras pessoas era através do dinheiro. Se eu não tivesse dinheiro, ninguém iria querer sair comigo, ser meu amigo e ficar comigo. Que sistema de crenças insano e insidioso!

Ninguém me disse isso. Eu criei isso pois foi isso que o meu pai insinuou à sua maneira. Ele achava que ninguém o poderia amar. Ele achava que não merecia nada. E eu também pensava assim, repetidamente e repetidamente durante anos. Foi assim até que algo ocorreu.

Lembro-me bem desse dia.

O dia que eu vi aquele Zero na minha conta bancária.

Entrei em pânico. Fiquei em choque, e não tinha para quem ligar pois tinha vergonha de ligar para o meu pai depois de todo o dinheiro que ele me deu. Eu certamente não ia ligar para minha mãe pois sabia que terminaria numa ladainha de palavrões em italiano e outras coisas que tais.

O que você está sendo?

Eu estava sendo o meu pai repetidamente. Depois, havia essa solidão que se abateu sobre mim, mesmo quando estávamos festejando ou o que quer que fosse. Tudo era sem graça pois eu não estava sendo eu. Eu estava sendo ele, e você só pode ser algo um par de vezes diferentes antes que o seu circuito mental simplesmente se desligue e depois deixa de puder ser usado. O mesmo acontece com os vícios. Você chega a um certo nível, mas depois essa sensação boa vai embora, e você tem de passar para um nível superior. O seu nível de tolerância muda.

Você precisa de mais e mais e você necessita de mais. Decidi, felizmente, que o que eu mais precisava era descobrir quem eu era e quem eu estava sendo. Eu precisava escolher deixar de ser ele. E isso veio com uma verdadeira caixa de Pandora. Teria de abrir mão do seu amor pelos negócios? Seria o seu amor pelos negócios saudável? E eu teria realmente meu amor pelos negócios ou estava imitando o seu amor?

Era o amor dele pelo dinheiro ou o meu amor pelo dinheiro? Eu fui trabalhar para um banco e fui para a faculdade de administração por causa de mim ou dele? Devo fazer psicologia, ou devo trabalhar em negócios em Nova York como a minha família, certo?

Isso nunca iria acontecer. Me lembro de olhar pela janela do meu quarto e observar todo o mundo – mulheres e homens caminhando para o trem, pois eu morava bem na rua da estação de trem. E adivinha? Ninguém estava sorrindo indo para o trabalho. Prometi a mim mesma que nunca desejaria criar uma vida em que não estivesse feliz fazendo a minha atividade ou não estivesse animada com isso todos os dias.

Quem eles estavam sendo?

No meu workshop, certa vez, a conversa deu uma guinada em direção à estabilidade e previsibilidade, com um participante revelando que eles estavam incorporando esses traços. Exploramos onde essa crença se originou, e ela remonta à sua mãe. A estabilidade e a previsibilidade eram percepcionadas como conhecidas e seguras, com um orçamento fixo e claro.

Mas cavando mais fundo, descobrimos que essa crença estava enraizada no eu de oito anos da participante. Ela se formou naquela época, e eles ainda se estavam agarrando a isso. Percebemos que a participante obrigou o seu eu mais jovem a administrar a sua realidade financeira. Exploramos os benefícios e desvantagens dessa abordagem. E certamente ninguém gostaria que uma criança administrasse as suas finanças.

Assim, a conversa mudou para liberar essa obrigação, concedendo à criança de oito anos um pacote de diversão, liberdade e responsabilidade adulta. A energia da sala se iluminou quando o participante abraçou a perspectiva de uma nova perspectiva de dinheiro empoderada.

Sob a fachada de estabilidade e previsibilidade da abordagem financeira da sua mãe, descobrimos uma corrente de medo e ansiedade. A participante, sem saber, internalizou essas emoções, rotulando as emoções erroneamente como segurança.

Essa percepção provocou uma profunda mudança de perspectiva – fazendo com que se libertasse das âncoras do dinheiro infantil. A participante começou a entender que sua realidade financeira não era assim tão terrível quanto pensava. Assinalou um momento transformador, abrindo a possibilidade de uma relação mais saudável com o dinheiro.

Portanto, faça esta questão? Você está deixando a criança que há em si governar as suas finanças? Ou é você que está no comando?

SEJA BRILHANTE COM O DINHEIRO

E se você sair daqui sem mais nada, a não ser você e o espaço de ser você?

Se você tivesse uma varinha mágica – e estivesse sendo você, o que escolheria neste preciso momento?

Você faria o seu orçamento ou teria alguém colaborando com você e mostrando algo que é divertido para eles?

Conheci uma mulher que ama os números, e ela fala comigo em números. Ela deixa as minhas contas e tudo mais claras para mim, e ela me colocou nesse negócio do QuickBooks on-line. É incrível. E a minha restrição acabou de se expandir.

E eu estou começando a me sentir tão expansivamente generativa só de saber que ela está lidando com tudo por mim, e que eu posso falar com ela acerca dessa questão. Portanto, quando ela me pede algo, há uma empolgação de: "Sim. Aqui está", ou quando ela diz: "Dá uma vista de olhos nisso", eu digo: "Sim, vamos fazer isso".

Há essa empolgação com isso, enquanto depois do meu pai ter morreu e eu deixei de o ter como fonte disso, fiquei totalmente apavorada. Eu não sabia o que fazer. Pela primeira vez na minha vida tive de criar minha própria realidade financeira.

Hoje, estou feliz onde estou, guiada pela energia certa.

Eu sei logo quando é um "não, sai daí, nem sequer lhe vou ligar de volta".

Eu sei quando há uma abertura e fico do tipo, "Isso é algo meu. Eu preciso dela ou dele."

Sabe o que eu quero dizer? Eu sei disso agora. Mas, eu não sabia disso naquela época pois estava sob o sistema de crenças do meu pai.

Então, se depois de você ler isso você se sentir um pouco mais leve, expansivo ou expansiva e livre, ótimo. Se você se sentir horrível e sair daqui pensando: "Oh, merda. Eu tenho algumas coisas para fazer", ótimo pois pelo menos aí você está reconhecendo as mentiras.

Quem você está sendo? O que você está sendo? Em qual(is) mentira(s) você está acreditando? Não se esqueça, "o quem" geralmente é alguém, "o quê" é uma energia. E a mentira é uma crença incutida por esse alguém ou por aquela energia que você ainda acha que é verdadeira.

Também existem muitas barreiras culturais para pôr a sua realidade financeira em ordem. Deixe que eu compartilhe outra interação do meu workshop de As Mentiras do Dinheiro. Portanto, estávamos falando de dinheiro, e a *vibe* estava ficando interessante. De repente, um participante russo soltou essa bomba: "É errado ter dinheiro." Decidimos jogar com isso, dizendo isso em inglês e depois em russo. Surpreendentemente, a versão russa parecia mais leve, mais emocionante.

Averiguamos como as visões culturais moldaram as crenças que tinha acerca do dinheiro. Acontece que a perspectiva russa parecia mais livre para o participante. Então, descobrimos algo grande – a ideia de que "evil", mal em inglês, é só "live", viver em inglês, soletrado para trás. Estávamos descobrindo algo lá.

O participante desabafou sobre a negatividade em torno do dinheiro na sua comunidade russa. Foi frustrante. Exploramos a crença de que o dinheiro é mau e descobrimos um conflito profundo. Eles perceberam que estavam presos e se justificando por não estarem a viver de verdade, como a sua mãe, e isso não era legal.

Esta conversa destacou como as crenças sobre dinheiro, a cultura e as experiências pessoais estavam todas misturadas. O meu trabalho era fazer perguntas que os fizessem pensar. O objetivo? Para os ajudar a ver o dinheiro sob uma nova luz empoderadora.

Este diálogo mostrou que questionar o que você pensa acerca do dinheiro pode ser liberador. É uma jornada para uma melhor relação com a riqueza. E provou que mudar a forma como você vê o dinheiro pode abrir portas para mais abundância e felicidade.

Relembrando essa conversa, é um lembrete de porque estou aqui – para ajudar pessoas como o participante a se libertarem de mentalidades antigas acerca do dinheiro e entrarem num futuro mais brilhante e emocionante.

Quantas dessas crenças você já ouviu: Que o dinheiro é mau? Você não pode subir mais na vida? Se você ganhar mais do que a sua família, será banido ou banida? Ou deixarão de amar você se você tiver mais dinheiro do que os seus amigos ou familiares?

E quanto do que você está sendo está abdicando da sua perspicácia financeira por algo que nem sequer é você?

Pois se eu lhe perguntasse isso, além da sua mente e além das suas contas bancárias reais, você sabe que você é brilhante com o dinheiro?

Alguém não sabe disso? De verdade?

Tudo bem, você não se vai meter problemas. Afirme: "Sou brilhante com dinheiro."

E se você está hesitando, então, quando você parou de ser brilhante? Quem você está sendo quando parou? O que você está sendo? O que você está sendo quando parou? Que mentira você está acreditando?

Porque é o seguinte. Se você alguma vez foi brilhante com dinheiro, você ainda é brilhante com dinheiro neste momento. Isso está apenas camuflado.

Parece um pouco uma teoria da conspiração, mas é apenas uma forma de meter a sua realidade em ordem e de o ou a manter para baixo. É isso que essa realidade faz. Ele coloca você numa caixa e se livra de você. É como os brinquedos infantis com os quais você brincava quando estava começando a aprender círculos e quadrados, e você pegava no círculo e o tentava meter no quadrado. É como o "dinheiro é mau" e o "eu não me dou bem com o dinheiro". E você continua dizendo isso repetidamente, mas o círculo nunca entra no quadrado pois você é o círculo. O círculo entra no círculo porque você é brilhante. Você é um círculo.

Faz sentido? Então, você é brilhante com dinheiro?

Sim? E você abriria mão dum grau do que quer que fosse que você escolhesse não ser.

Seja qual for essa emoção que está desistindo, surfe nela como se você estivesse surfando uma onda no oceano. Respire pela boca. Emoção, energia em moção.

Eu trabalho com este brilhante *trader* de ações que está ganhando rios de dinheiro na Austrália. Mas, algo aconteceu e ele fez uma "escolha" ruim e, posteriormente, todas as escolhas após isso foram ruins, a ponto de quase perder tudo e ter de sair e tirar seis meses de folga e fazer um monte de trabalho pessoal para recuperar a sua confiança.

Foi devastador – devastador para ele e para a sua esposa. Ambos eram *traders* e, instantaneamente, deixaram de escutar ou perceber o seu brilhantismo. Sumiu.

Quando algo assim acontece, por qualquer motivo, pois não importava para a história, e você começa a escolher e repetidamente a antítese de quem você é, você começa a realmente acreditar na antítese de quem você é. Você esquece que ganhou um milhão de dólares ou que teve sucesso. Não só com o dinheiro, com tudo. E para mim, esse é o maior abuso dessa realidade.

Ele pega em toda a nossa magnificência em sermos só quem somos e a torce e transforma em algo diferente que nem se parece com você. Aí você olha para o espelho e fica do tipo: "Quem é você?" E então você fica do tipo, "Oh, sim, sou eu. Me deixe rastejar para o meu buraco. Vou viver na terra dos patéticos."

Não precisa de fazer vinte anos em terapia com essas ferramentas. Acredite, eu sei que me livrei de algumas coisas. Eu sei o que é olhar para algo que você nunca mais quer olhar ou sentir, provar ou cheirar.

No entanto, eu sei que, quando olho, estou empoderada pois agora posso ter uma escolha clara e consciente. Posso optar por ignorar ou esquecer a escolha, mas isso não tira o poder de escolher me distanciar deles.

Vai ser sempre divertido? Não.

Vai ter um gosto amargo às vezes? Sim. Será que só vai ter um gosto amargo por um pouquinho? Sim.

Você não precisa passar mais de vinte anos sendo algo que você não é e criando a antítese de você. Você pode passar hoje e todos os dias a partir de agora sendo você. Sendo você, o seu verdadeiro eu, a sua impressão de alma – esse brilho é intrínseco a todos nós.

Estaria tudo bem se o seu corpo não deixasse de ser o recipiente de armazenamento acumulado para o julgamento de todos os outros em torno da sua falta de vontade de ter dinheiro? Diga sim em voz alta se assim for...

Então, quando as pessoas estão fazendo isso ao seu redor e você sente que elas estão incomodando você, você pode ficar do tipo: "Pare de jogar a sua porcaria em mim, eu estou escolhendo minha realidade financeira."

É como o seu escudo de superpoder.

Nunca, nunca, nunca rejeite ou tire o poder ao que foi presenteado a você e ao que você criou para você. Ter nessa realidade é uma capacidade de receber, principalmente com dinheiro, a um nível que a maioria das pessoas almeja e nunca alcança.

Precisamos de mais seres como você para receber e alcançar num mundo livre de abusos - incluindo abusos financeiros.

Portanto, continue tendo dinheiro e continue permitindo que as pessoas, como os seus amigos, realmente conheçam, sejam, recebam e percebam a diferença e a capacidade única que você é. É um presente.

A minha companheira vem duma família com dinheiro, ela administra dinheiro e tem imenso dinheiro. Ela nunca, nunca, nunca ficou sem dinheiro.

Eu tinha o meu pai e nós tínhamos dinheiro, mas sempre trabalhei por dinheiro. Trabalho desde pequena. Também houve muito abuso, muitas histórias.

Fui modelo para ganhar dinheiro, mas, a agência em que trabalhei estava cheia de coisas pornográficas. É uma história demasiado longa para falar agora, mas eu tinha muitos complexos acerca do dinheiro e sobre ter dinheiro. Eu não o queria pois estava associado a abuso e coisas do género. Eu estava sendo paga para fazer algo e nunca pus os olhos a esse dinheiro.

Portanto, estar com ela e aprender a ter dinheiro, testemunhar pragmaticamente o seu brilhantismo, se infiltrou na minha realidade de formas que me fizeram pensar e sentir e saber e ser e receber mais dinheiro – e ficar melhor a tomar decisões com dinheiro apenas por simplesmente estar na sua presença e testemunhar e assistir, até ao ponto de: "Não vou ter Wi-Fi num avião pois são 35 reais extra."

E eu penso: "Ok, se alguém que tem dinheiro não quer fazer isso, o que é isso? Tipo, realmente, o que é isso?"

Não é um preconceito – não é como: "Ela está sendo avarenta."

Eu realmente precisei observar tudo isso e ficar do tipo: "Tudo bem, eu preciso viajar em primeira classe ou classe executiva para todos os lugares? Será que o meu corpo realmente quer isso?"

Aprendi todas essas coisas diferentes por causa dela.

Portanto, quem você seria agora que sabe que pode criar a sua realidade financeira? Quem você seria? O que você estaria fazendo e quanto você geraria e criaria? De verdade?

Quando você colocar terminar de ler esse livro hoje, escreva 25 coisas acerca da sua realidade financeira. Depois, crie todos os dias durante os próximos trinta dias. Efetue uma ação de criação durante os próximos trinta dias. Efetue outra ação, e crie durante os próximos trinta dias.

Seja você, se comprometa com você, coloque você em primeiro lugar e colabore com o universo que está conspirando para o ou a abençoar, e depois crie a partir daí. Isso é o que eu chamo de vivacidade radical. Você pode aprender mais acerca disso nos meus outros dois livros – *Radically Alive Beyond Abuse* (Radicalmente Viva Além do Abuso) e *Creating After Abuse* (Criando Após o Abuso).

ACABE COM AS MENTIRAS SISTÊMICAS

Tal como contamos todas essas mentiras a um nível individual, também sentimos mentiras a um nível sistêmico. Curiosamente, uma das participantes do meu workshop em São Francisco salientou:

"Há uma mentira quando você está no sistema dos dólares dos EUA. Precisamos de dinheiro e usamos dinheiro, mas a moeda que eles estão criando e continuam imprimindo mais por causa da Reserva Federal e do Tesouro é, na verdade, uma fraude perpetrada contra nós, pois está endividando o nosso futuro e o futuro da nossa geração seguinte. É um gasto fora de controle. Temos trilhões de dólares de dívida.

A energia ligada ao local onde estamos recebendo estas notas em papel pelo nosso trabalho, uma nota promissória, é tudo mentira. Em 1971, o seu valor estava associado ao ouro. Mas pararam com isso e imprimiram dinheiro como ninguém, e agora estamos num ponto do mundo em que..."

Eu sabia o que ela estava dizendo, e há muita verdade nisso. Mas o ponto de preocupação era quanto do que ela disse que ela encarnou como sua resistência e reação contra receber dinheiro e aparecer na sua conta bancária?

Era assim que ela estava usando essa perpetração contra si mesma.

Mesmo ela estando falando a verdade, ela se tornou parte do crime por não se permitir ter o que é seu e o que poderia contribuir para desmantelar isso, para mudar esse mundo, para se livrar de Monsanto, se tivesse dinheiro.

Eliminamos e erradicamos os abusos neste planeta, tendo e usando o dinheiro para mudar realidades. Se você não recebe. Você se torna parte do problema, não da solução.

Devemos olhar ao redor e ser os agentes de mudança nas nossas vidas. Para mim, a minha realidade financeira cuida do meu corpo. Escutar o meu corpo tem sido um grande trabalho em progresso. A minha realidade financeira é ter. Dez porcento vão para cada um desses três aspetos: o meu corpo, os meus negócios e a minha honra. A ideia é economizar – receber – trinta por cento de cada dólar que você ganha e gasta para uma conta separada para o seu corpo, os seus negócios e para si.

A minha realidade financeira significa que viajarei para todas as partes do mundo para onde quer que seja convidada para dar workshops. A minha realidade financeira faz um programa de rádio *Voice America* que é um trabalho de amor que custa algo entre trinta mil a cinquenta mil dólares por ano. É um recurso gratuito pois eu sei que quando recebo uma chamada do Dubai ou Paquistão ou Índia, Austrália, Hong Kong, Israel ou seja de onde for, e eu ajudo uma pessoa a sair da sua jaula de abuso para ter uma vivacidade radical – fazendo a transição do seu eu traumático para estar orgasmicamente viva – eu sei que toquei naquela terra e aquele país.

Sei que a internet está acessível em todos os lugares, e não vou parar se isso ainda fizer parte da minha reali-dade financeira.

Quanto do que eu disse é sobre dinheiro? Este capítulo é um lembrete para você criar a sua própria realidade. Este livro é para se receber a si como um presente. Financeiramente, se receber a si como presente é uma forma de amor-próprio. O amor-próprio é o salvador da minha realidade financeira. Trabalhar para ter, receber, salvar, garantir e criar toda a minha realidade a partir da autenticidade e genuinidade é o objetivo mais alto da minha vida espiritual. E, francamente, escolho ser Radicalmente Viva, livre de quaisquer limitações que nunca sequer para começar foram minhas. E você, caro leitor ou cara leitora? Qual é a sua realidade financeira?

Agradeço por me dedicarem o vosso tempo. Para aqueles de vocês que eu toquei pela primeira vez, obrigado por lerem. Para aqueles de vocês que já conheço bastante bem, obrigado. Eu valorizo o vosso tempo. Valorizo a vossa atenção. Eu valorizo vocês.

Espero que vocês tenham achado esse livro frutífero. Espero ter sido contribuído para vos fazer crescer, e espero poder ver os seus comentários acerca dessa leitura.

Seja você! Para Além de Tudo Mais! Crie Magia! e Vá, Seja, Crie!

EPILOGUE

Na introdução, eu disse que você tinha nas suas mãos uma mina de ouro, e espero que agora você possa entender por quê.

A verdade é que simplesmente não há nenhum motivo para você não criar todo o dinheiro que deseja se tiver a coragem e a vontade de olhar "sob o capô" da sua própria realidade financeira. E neste livro, mostrei um caminho e dei ferramentas para você começar o processo de examinar as três mentiras do dinheiro.

A primeira mentira é que o dinheiro é Deus e você vale menos do que ele.

A segunda mentira é que o dinheiro é o seu perpetrador, o seu eterno carcereiro, e você não o pode ter.

A terceira mentira é que o dinheiro é um problema.

E, embora não sejam de forma alguma todas as mentiras do dinheiro, bastam para você começar.

Não se esqueça, você só precisa mudar um grau, certo?

Eu tenho certeza de que você notou que há muitas, muitas perguntas profundas que você pode fazer a si para desvendar o que quer que você tenha feito em torno do dinheiro e, espero, que você as tenha perguntado a si ao longo da leitura deste livro, ou as tenha marcado para regressar a elas novamente.

(No entanto, se você não o fez, ou acha que gostaria de mais ajuda com isso, dê uma olhadela ao Apêndice onde listei outros recursos disponíveis. Há uma infinidade deles, e todos eles foram concebidos para ajudar a que você atinja a sua própria ROAR® – a sua realidade orgasmicamente animada radicalmente.)

Sempre que você tiver algum bloqueio e desejar sair dele, comece a se fazer estas três perguntas essenciais:

- *Quem estou sendo?*
  - *O que estou sendo?*
  - *Que mentira estou acreditando que tornei verdade?*

Então, à medida que você descobre a verdade por si e libera a sua energia, você vai querer seguir em frente com a sua vida com os "4 Cs":

- *Se Comprometa com você*
  - *Coloque você em primeiro lugar*
  - *O Universo está Conspirando para o ou a abençoar e quer Colaborar com você*
  - *Crie Você*

Quando você começar a escolher o que é leve e bom na sua frente – e seguir essa energia – o dinheiro vai seguir você por causa do que está dentro de você.

Portanto, tal como eu já disse a outros...

Eu desafio você a ser o tsunami ou terremoto andante e falante que altera a realidade simplesmente pela sua mera presença, para viver a sua ROAR® (Realidade Orgasmicamente Animada Radicalmente).

Seja você, acima de tudo e crie magia.

DRA. LISA!

Dra. Lisa Cooney, pioneira na transformação pessoal!

Como Terapeuta de Casamento e Família licenciada, Mestre Theta Healer e um dínamo potenciador, ela é o cérebro por trás de Viva a Sua ROAR! Seja você! Além de Tudo Mais! Crie Magia! A Dra. Lisa guiou inúmeras almas numa jornada por tempos difíceis, como lutas na infância, até abraçarem a sua "Realidade Orgasmicamente Animada Radicalmente" (ROAR).®

Com um doutoramento em Psicologia e uma bolsa cheia de dons extraordinários, incluindo Reiki, Theta Healing, Termometria, Terapia da Respiração, Psicodrama, Terapia dos Sonhos, Espiritualidade Socialmente Engajada, Hipnoterapia Centrada no Coração e Hipnose Profunda baseada no Xamanismo, a Dra. Lisa é uma especialista certificada.

A magia da Dra. Lisa advém da sua própria jornada de cura, superando não só os seus problemas da infância, mas também vencendo uma doença potencialmente fatal. No centro dos seus ensinamentos transformadores estão quatro regras de ouro: Coloque você em primeiro lugar, Se Comprometa com você, Colabore com as bênçãos cósmicas e Crie a vida que você deseja — essencialmente, os 4 Cs para uma transformação de arrasar.

Uma guru muito procurada viajante pelo mundo fora, a Dra. Lisa dá aulas, workshops e discursos eletrizantes pelo mundo inteiro. Conhecida pelo espirituoso mantar "Eu Vou Conseguir… Custe o Que Custar!", a Dra. Lisa ensina as pessoas a surfarem as ondas de energia mágica e criativa para alcançarem uma vida que não só é leve e correta, mas francamente deleitosa.

Você pode encontrar a sua presença animada no seu próprio programa no Canal Empoderador *Voice America*, onde ela se conecta com milhares de ouvintes ansiosos a cada semana. Você também pode ler os seus outros livros de sucesso internacional, incluindo *Radically Alive Beyond Abuse (Radicalmente Viva Além do Abuso)* e *Creating After Abuse (Criando Após o Abuso)*.